Jean Bodin

# Über den Staat

Auswahl, Übersetzung und Nachwort
von Gottfried Niedhart

W0204549

Philipp Reclam jun. Stuttgart

Französischer Originaltitel: Six livres de la République

RECLAMS UNIVERSAL-BIBLIOTHEK Nr. 9812

Gesamtherstellung: Reclam, Ditzingen. Printed in Germany 2011
RECLAM, UNIVERSAL-BIBLIOTHEK und
RECLAMS UNIVERSAL-BIBLIOTHEK sind eingetragene Marken
der Philipp Reclam jun. GmbH & Co. KG, Stuttgart
ISBN 978-3-15-009812-7

www.reclam.de

LES
# SIX LIVRES
## DE LA REPVBLIQVE
DE I. BODIN
Angeuin.

*Enſemble vne Apologie de Rene Herpin.*

A PARIS.

Chez Iacques du Puis, Libraire iuré, à la Samaritaine.

1583.

AVEC PRIVILEGE DV ROY

*Titelblatt der französischen Originalausgabe von 1583.*

# Vorwort

Da die Erhaltung von Staaten und Völkern nächst Gott von guten Fürsten und klugen Statthaltern abhängt, ist es nur vernünftig, daß jeder sie unterstützt. [...] Wenn dies zu allen Zeiten angemessen ist, so ist es heute nötiger denn je. [...] Seit ein ungeheurer Sturm unser Staatsschiff mit solcher Gewalt heftig hin und her schleudert, daß sich die Schiffsführung von der ständigen Anstrengung ermattet zeigt, ist es erforderlich, daß die Passagiere Hilfe leisten. [...] Angesichts der Gefahr, zwischen den gefährlichen Klippen zu zerschellen, [...] habe ich es unternommen, diese Abhandlung über den Staat zu schreiben und zwar in französischer Sprache. [...]

Unter einer Million Büchern, die man in allen Wissenschaften antrifft, findet man kaum drei oder vier über den Staat. Nichtsdestoweniger ist das Studium der Politik die vornehmste unter den Wissenschaften. Die politischen Abhandlungen von Plato und Aristoteles sind so kurz, daß sie mehr Fragen aufwerfen als Antworten anbieten. Es kommt hinzu, daß die Erfahrung von rund 2000 Jahren uns vieles hat deutlicher sehen lassen. Die politische Wissenschaft steckte damals noch in den Anfängen. Plato selbst bekennt, daß vieles undurchsichtig blieb. [...]

Spätere Autoren wiederum hatten keine juristischen Kenntnisse. [...] Sie haben die heiligen Geheimnisse der Staatsphilosophie entweiht, wodurch gute Staatswesen erschüttert und umgestürzt worden sind. Da gibt es zum Beispiel einen Machiavelli, der sich unter Tyrannen großer Beliebtheit erfreut und den Paulus Iovius[1] zu den bedeutenden Männern gezählt hat, ihn allerdings einen Atheisten und Ungebildeten nennt. Was den Atheismus betrifft, so verherrlicht er ihn in seinen Schriften; und was sein Wissen angeht, so glaube ich [...], daß er den Bereich der politischen Wissen-

1. Paolo Giovio, italienischer Geschichtsschreiber, 1483–1552.

schaft niemals wirklich durchdrungen hat. Diese erschöpft sich nicht in der Kenntnis tyrannischer Winkelzüge, die Machiavelli in allen Gegenden Italiens gesammelt und mit denen er sein Buch vom Fürsten wie mit einem schleichenden Gift durchtränkt hat. [...]
Die Haltung Machiavellis kommt einer Verachtung der heiligen Naturgesetze gleich, denen zufolge das Szepter den verschlagenen Fürsten entrissen und den guten und tugendhaften übergeben werden soll, und die weiterhin beinhalten, daß das Gute überall über das Böse siegt. Denn wie Gott über die Engel herrscht, die Engel über die Menschen, diese über die Tiere, die Seele über den Körper, der Himmel über die Erde, die Vernunft über die Begierde, so soll der weniger zum Herrschen Fähige von dem regiert werden und dem Gehorsam schulden, der ihn schützen und erhalten kann. Wenn dagegen die Begierde der Vernunft entgegensteht, wenn ein einzelner einem Magistrat[2] oder dieser dem Fürsten nicht Gehorsam leistet, wenn die Fürsten sich gegen Gott auflehnen, dann erlebt man, daß Gott die Mißstände rächt und sein ewiges, von ihm selbst eingerichtetes Gesetz zur Geltung bringt, indem er die König- und Kaiserreiche den weisesten und tugendhaftesten Fürsten überträgt oder, richtiger gesagt, den am wenigsten ungerechten und den in der Handhabung öffentlicher Angelegenheiten und der Regierung von Völkern erfahrensten Fürsten. [...]
Wenn ich von Gerechtigkeit spreche, so meine ich die Klugheit und Umsicht, redlich und rechtschaffen zu regieren. Es ist darum widersinnig und gefährlich, den Fürsten die Regeln der Ungerechtigkeit zu vermitteln und so Herrschaft durch Tyrannei zu sichern. [...]

2. Der Begriff Magistrat wird aus dem französischen Text direkt übernommen, um diesen mit Befehlsgewalt ausgestatteten Beamten von den übrigen Amtsträgern zu unterscheiden: »Il y a deux sortes d'officiers et de commissaires: les uns qui ont puissance de commander, qui sont appellés magistrats, les autres de congnoistre ou d'executer les mandements.« Les six Livres de la République, Paris 1583, Nachdruck Aalen 1961, S. 372.

Daneben gibt es andere, die eine vielleicht weit gefährlichere Position vertreten. Unter dem Deckmantel der Lastenbefreiung und im Namen der Freiheit des Volkes stacheln sie die Untertanen zur Rebellion gegen die Fürsten an.[3] Dadurch öffnen sie der ungezügelten Anarchie Tür und Tor, was schlimmer ist als die härteste Tyrannei der Welt. [...]

3. Bodin wendet sich hier gegen die calvinistischen Monarchomachen, die in seinen Augen ebenso wie Machiavelli auf den Ruin der Staaten hinarbeiteten.

# Buch I

## *1. Kapitel*
## *Der Zweck eines wohlgeordneten Staatswesens*

|1| Der Staat ist definiert durch die dem Recht gemäß geführte, mit souveräner Gewalt ausgestattete Regierung einer Vielzahl von Familien und dessen, was ihnen gemeinsam ist.[1] Wir stellen diese Definition an den Anfang, weil man zuerst immer nach dem eigentlichen Zweck fragen muß und erst dann nach den Mitteln, mit denen man ihn erreichen kann. Eine Definition ist aber nichts anderes als das Ziel eines Vorhabens. Wird sie nicht auf eine sichere Grundlage gestellt, bricht alles, was man darauf baut, kurz danach wieder zusammen. Es mag wohl sein, daß jemand, obwohl er sein Ziel kennt, nicht die Mittel findet, es zu erreichen. Ihm geht es wie dem schlechten Bogenschützen, der das Zentrum der Schießscheibe sieht, aber nicht zielen kann. Mit Aufmerksamkeit und Mühe aber könnte er treffen oder dem Ziel nahe kommen. Und auch wenn er nicht ins Ziel trifft, wird man ihn achten, vorausgesetzt er bemüht sich nach besten Kräften. Aber jemand, der sein Ziel gar nicht kennt und die Sache, die er sich vorgenommen hat, nicht definieren kann, |2| muß alle Hoffnung aufgeben, jemals die Mittel zur Realisierung zu finden; wie einer, der blindlings in die Luft schießt, ohne das Ziel zu sehen. Wir wollen deshalb Punkt für Punkt die Definition behandeln, die wir formuliert haben.

Als erstes nannten wir die dem Recht gemäß geführte Re-

1. »République est un droit gouvernement de plusieurs ménages, et de ce qui leur est commun, avec puissance souveraine.« In der lateinischen Fassung lautet diese wichtige Bestimmung, die alle wesentlichen Elemente der Staatslehre Bodins bereits enthält: »Respublica est familiarum rerumque inter ipsas communium summa potestate, ac ratione moderata multitudo.« De Republica libri sex, Frankfurt a. M. [5]1609.

gierung, um den Unterschied hervorzuheben, der zwischen Staaten und Räuberbanden oder Piratenhorden besteht, mit denen man weder Beziehungen unterhalten noch Bündnisse abschließen darf. In allen wohlgeordneten Staaten wird immer darauf geachtet, niemals Räuber und deren Anhänger zu beteiligen, wenn es um Vertragstreue, Friedensverhandlungen, Kriegserklärungen, Offensiv- oder Defensivbündnisse, Grenzziehung und Beilegung von Konflikten zwischen Fürsten oder souveränen Landesherren geht; ausgenommen sind Zwangslagen, die außerhalb des Rahmens menschlicher Gesetze liegen. Diese Gesetze haben immer unterschieden zwischen Räubern und Piraten einerseits und denjenigen andererseits, die wir rechtmäßige Feinde im Kriegsfall nennen. Letztere gründen ihren Staat auf Rechtsgrundsätze, die Räuber und Piraten gerade zu beseitigen suchen. Darum können sie nicht das allen Völkern gemeinsame Kriegsrecht für sich in Anspruch nehmen, noch auf die Rechte pochen, die der Sieger dem unterlegenen Feind normalerweise gewährt. [...]

|3| Obwohl Räuber und Piraten, indem sie die Beute gleichmäßig aufteilen, in Freundschaft und Geselligkeit zu leben scheinen, kann dies im strengen |4| Sinn nicht Gesellschaft, Freundschaft oder anteilmäßige Aufteilung genannt werden, sondern nur Verschwörung, Raub und Plünderung. Denn es mangelt hier an dem, was das wahre Kennzeichen einer Gemeinschaft ist: der rechten Regierung gemäß den Gesetzen der Natur. Deshalb verstand man früher unter Staaten Vereinigungen von Menschen, die gut und glücklich leben wollten. Diese Definition enthält freilich einerseits mehr als notwendig, andererseits aber auch weniger. Es fehlen die drei Hauptmerkmale eines Staates: Familie, Souveränität, gemeinsame Dinge. Die Bestimmung ›glücklich‹ dagegen ist nicht erforderlich. [...] Denn ein Staat kann gut regiert sein und gleichwohl von Armut heimgesucht, von seinen Freunden im Stich gelassen, von Feinden belagert und von vielen Übeln befallen sein. [...]

|4| Wir sehen die Bestimmung ›glücklich‹ für die Definition

des Staates nicht als wesentlich an. Wir setzen höher an, um eine zureichende Vorstellung von einer rechten Regierung geben oder ihr wenigstens nahe kommen zu können. Wir wollen den Staat nicht in der Theorie betrachten, wie Plato oder Thomas Morus ihn sich vorgestellt haben. Sondern wir beabsichtigen, so weit wie möglich den Regeln der praktischen Politik zu folgen. [. . .]

|5| Wenn das wahre Glück eines Staates und eines Individuums identisch sind und – wie festgestellt worden ist[2] – das höchste Gut des Staates wie jedes einzelnen Menschen in den geistigen Tugenden besteht, so wird man darin übereinstimmen müssen, daß ein Volk dann das höchste Gut besitzt, wenn es um die Reflexion über die Natur, den Menschen und Gott bemüht ist und für alles den großen Fürsten der Natur preist. Wenn wir zugeben, daß dies das Hauptziel eines glücklichen Lebens ist, so leiten wir daraus die Folgerung ab, daß dies auch den Zweck und das Glück der Staaten ausmacht. Freilich haben die Politiker und Fürsten niemals diesen Anspruch voll erfüllt, weil jeder sein Glück an seinen eigenen Wünschen und Leidenschaften mißt. Selbst diejenigen, die in der Bestimmung des höchsten Guts einer Meinung sind, stimmen nicht immer darin überein, daß ein guter Mensch und ein guter Staatsbürger sowie das Glück des einzelnen und des Staates identisch sind. Aus diesem Grund gibt es die große Verschiedenheit der Gesetze, Gebräuche und politischen Ziele, die den Stimmungen und Leidenschaften der Herrschenden entsprechen. Doch da der Weise das Maß für Gerechtigkeit und Wahrheit bestimmt und diejenigen, die für die Weisesten gehalten werden, darin übereinstimmen, daß das höchste Gut des einzelnen und des Staates identisch sind und kein Unterschied zwischen einem guten Menschen und einem guten Staatsbürger besteht, so bleiben wir bei unserer Bestimmung des obersten Ziels, auf das die dem Recht gemäß geführte Regierung eines Staates gerichtet sein muß. [. . .]

2. Bodin verweist an dieser Stelle auf »Politik« und »Nikomachische Ethik« von Aristoteles.

|6| Der Staat muß ein Territorium haben, das groß und fruchtbar genug ist, um die Einwohner zu ernähren und zu kleiden. Um sie gesund zu erhalten, braucht er ein mildes Klima und gutes Wasser. Und um die Verteidigung zu gewährleisten, benötigt er Befestigungen, wenn seine geographische Lage nicht schon genug Schutz bietet. Dies sind die grundlegenden Dinge, für die man in jedem Staat zuerst sorgen muß. Sodann sieht man sich nach den Dingen um, die das Leben angenehmer machen: nach Arzneien, Metallvorkommen und Farbstoffen. Ferner muß für Offensivwaffen gesorgt werden, um Feinde unterwerfen und Grenzen ausdehnen zu können. Da das menschliche Verlangen zumeist grenzenlos ist, muß man nicht nur die nützlichen und notwendigen Dinge im Überfluß haben, sondern auch die angenehmen und überflüssigen. Wie man ein Kind erst zu unterweisen beginnt, wenn es herangewachsen und zum Lernen fähig ist, so benötigen Staaten Moral und Wissenschaft oder gar Philosophie über Natur und Gott erst, wenn sie mit dem Notwendigen ausgestattet sind. Sie geben sich damit zufrieden, sich gegen Feinde zu verteidigen, den inneren Frieden der Untertanen zu bewahren oder gegebenenfalls wiederherzustellen.

|7| Ein Mensch jedoch, der in Reichtum, Bequemlichkeit und Frieden lebt und gut geartet ist, wendet sich ab von bösen und lasterhaften Menschen und sucht die Gesellschaft von guten und tugendhaften Menschen. Wenn er sich von Lastern und Leidenschaften befreit hat, so schenkt er seine Aufmerksamkeit der unterschiedlichen menschlichen Natur und interessiert sich für die verschiedenen Altersstufen und Charaktere, für die Größe der einen und den Mißerfolg der anderen sowie für die Veränderungen der Staaten. Stets sucht er nach den Ursachen aller Erscheinungen. Danach wendet er sich der Schönheit der Natur zu. Er findet Gefallen an der Vielfalt der Tiere, Pflanzen und Mineralien und denkt nach über Form, Qualität und Tugend eines jeden Dings, über Haß und Freundschaft, über die ursächlichen Verknüpfungen und gegenseitigen Abhängigkeiten.

Danach verläßt er den Elementarbereich und lenkt seine Gedanken auf das Himmlische, um den Glanz, die Schönheit und die Macht des göttlichen Lichts in seiner ganzen Größe und die Harmonie des Universums zu erkennen. Dies weckt den Wunsch in ihm, zur ersten Ursache vorzudringen und den Urheber dieses Meisterwerks zu finden. Hier endet der Gedankengang mit der Erkenntnis, daß dieser in seiner Größe, Macht, Weisheit und Güte unendlich und unbegreiflich ist. Der weise und erfahrene Mensch gelangt zu der Vorstellung des einen ewigen und unendlichen Gottes und zieht von daher seine Schlüsse über die menschliche Glückseligkeit.

Wenn ein solcher Mensch für weise und glücklich gehalten wird, wird dies auch der Staat sein, der eine große Zahl solcher Bürger hat, auch wenn er weder groß noch reich ist. [...] |9| Andererseits ist es klar, daß ein Staat nicht gut organisiert sein kann, wenn er für längere Zeit die lebensnotwendigen Dinge unterläßt: die Pflege des Rechts, Schutz und Verteidigung der Untertanen, die Beschaffung der erforderlichen Lebensmittel. Ebensowenig wie ein Mensch leben kann, der so in der Kontemplation aufgeht, daß er vergißt zu essen und zu trinken. [...]

|9| Dasselbe können wir von einem wohlgeordneten Staat sagen, dessen höchste Bestimmung zwar in den geistigen Tugenden besteht. Zuerst aber kommt die praktische Politik, und die gewöhnlichsten Aufgaben stehen an erster Stelle, nämlich die notwendigen Maßnahmen zur Erhaltung und zum Schutz des Lebens der Untertanen. [...]

## 2. Kapitel

### Über die Familie und den Unterschied zwischen Staat und Familie

|10| Eine Familie ist die dem Recht gemäß gehandhabte Lenkung mehrerer, dem Familienoberhaupt untergebener Personen sowie dessen, was ihnen eigen ist. Der zweite Teil unserer oben gegebenen Definition vom Staat betrifft die Familie, die die wahre Quelle und der Ursprung des Staates ist und ihn wesentlich konstituiert. [...] |11| Ist eine Familie gut regiert, so ist sie das wahre Abbild des Staates. Die häusliche gleicht der souveränen Gewalt. Die rechte Regierung des Haushalts ist also das Vorbild für die Regierung des Staates. Wenn alle einzelnen Teile ihre Pflicht erfüllen, befindet sich das Ganze in guter Verfassung. Analog gilt, daß der Staat in Ordnung ist, wenn die Familien gut regiert werden. [...]

|12| Von einem Staat können wir nur sprechen, wenn eine souveräne Gewalt vorhanden ist, die alle Einzelteile, also alle Familien und Kollegien, zu einem Körper vereinigt. [...] |14| Neben der souveränen Gewalt muß es auch etwas geben, was allen gemeinsam und öffentlich ist, wie zum Beispiel das öffentliche Staatsgut, der öffentliche Schatz, der Umkreis der Stadt, Straßen, Mauern, Plätze, Kirchen, Märkte; weiterhin Sitten, Gesetze, Gewohnheiten, Rechtsprechung, Belohnungen, Strafen und vergleichbare Dinge. Denn zum Staat gehört, daß es einen gemeinsamen öffentlichen Bereich gibt. [...] |15| Jedoch dürfen nicht alle Dinge, einschließlich Frauen und Kinder, gemeinsamer Besitz sein, wie Plato dies wünschte. Er beabsichtigte nämlich, die Begriffe ›mein‹ und ›dein‹ auszulöschen, da sie die Ursache für alle Unglücksfälle und Zusammenbrüche von Staaten seien. Plato übersah dabei, daß dann das einzige Merkmal des Staates verlorenginge. Denn es gibt nichts Öffentliches, wenn es kein Eigentum gibt. Das Öffentliche kann nur in bezug auf das Private gedacht werden. Wenn

alle Bürger König wären, gäbe es keinen König. Noch gäbe es eine Harmonie, wenn alle Töne [...] auf einen einzigen reduziert würden. [...] Es ist offenkundig, daß Gott die Staaten so eingerichtet hat, daß dem Staat gegeben wird, was öffentlich ist, und dem einzelnen, was ihm gehört. Die Gemeinsamkeit aller Dinge ist unvereinbar mit dem Recht der Familien. Denn wenn Familie und Bürgerschaft, privates und gemeinsames Eigentum, öffentlicher und privater Bereich vermischt sind, gibt es weder einen Staat noch eine Familie. [...]
|17| Die Bewahrung des privaten Eigentums bedeutet Festigung des Gemeinwohls. Gesetze aber sind öffentlich und allgemein und rühren allein vom souveränen Fürsten her. [...]

## *6. Kapitel*

### *Über den Bürger und den Unterschied zwischen Untertan, Bürger, Fremdem, Stadt, Bürgergemeinde und Staat*

|68| Mit unseren Ausführungen über die Lenkung der Familie und ihrer Teile haben wir die Fundamente gelegt, auf denen jeder Staat ruht. Und wie das Fundament für sich ohne das Haus bestehen kann, so kann auch eine Familie ohne Bürgergemeinde oder Staat existieren und das Familienoberhaupt über die Seinen die höchste Befehlsgewalt ausüben. [...] Doch ein Staat kann nicht ohne Familien sein, ebensowenig wie Städte ohne Häuser oder Häuser ohne Fundament sein können.
Wenn das Familienoberhaupt das Haus, in dem es die oberste Gewalt innehat, verläßt, um mit seinesgleichen öffentliche Angelegenheiten zu erörtern und zu verhandeln, so hört es auf, ein Herr zu sein und wird Gleicher unter Gleichen. Wenn das Familienoberhaupt die Familie und die häuslichen Angelegenheiten hinter sich läßt, um auf den

Markt hinauszutreten und öffentliche Belange zu erörtern, so ist es nicht mehr Herr, sondern nennt sich Bürger[3]. Ein Bürger ist nichts anderes als ein freier Untertan[4], der unter der souveränen Gewalt eines anderen steht.

Bevor es Bürgergemeinden und Bürger oder irgendeine Form des Staates gab, war jedes Familienoberhaupt souverän innerhalb des Bereichs seines Hauses und hatte Gewalt über Leben und Tod seiner Ehefrau und Kinder. Seit aber Macht- und Gewaltausübung, Ehrgeiz, Habsucht und Rachsucht die Menschen zu den Waffen greifen ließen, machten Kriege und Kämpfe die einen zu Siegern und die anderen zu Sklaven. Unter den Siegern behielt derjenige, der zum Anführer gewählt worden und unter dessen Kommando der Sieg errungen worden war, die Befehlsgewalt, und zwar über die einen als treue und loyale Untertanen und über die anderen als Sklaven. So wurde die ursprünglich vorhandene vollkommene Freiheit eines jeden, nach seinem Gefallen zu leben und niemandem Untertan zu sein, für die Besiegten in reine Knechtschaft umgewandelt und vollkommen beseitigt; für die Sieger aber in dem Maß eingeschränkt, |69| wie sie ihrem Anführer Gehorsam schuldeten. Derjenige, welcher nicht einen Teil seiner Freiheit aufgeben wollte, um unter den Gesetzen und Anordnungen eines anderen zu leben, verlor die Freiheit vollständig. So kamen die bis dahin unbekannten Begriffe Herr und Knecht, Fürst und Untertan in Gebrauch. Überlegung und Einsicht lassen uns zu dem Schluß kommen, daß Staaten ursprünglich mit Gewalt gebildet worden sind. [...]

|70| Wenn die Staaten so entstanden sind, erhellt daraus die Definition des Bürgers als eines freien Untertanen, der unter der souveränen Gewalt eines anderen steht. Ich benutze den Ausdruck freier Untertan. Denn obwohl ein Sklave ebensosehr oder in größerem Maße als sein Herr Staatsuntertan ist, so besteht doch bei allen Völkern Übereinstimmung darin, daß der Sklave kein Bürger ist und im

3. citoyen.
4. franc subiect.

Rechtssinn keine Personenqualität besitzt. Dies ist nicht der Fall bei Frauen und Kindern der Familie, die frei von jeglicher Knechtschaft sind, obwohl ihre Rechte und Freiheiten sowie die Verfügungsgewalt über ihr Eigentum durch die hausherrliche Gewalt einigermaßen eingeschränkt sind. Analog kann man sagen, daß jeder Bürger ein Untertan ist, da seine Freiheit beschnitten ist durch die Herrschaft dessen, dem er Gehorsam schuldet. Aber nicht jeder Untertan ist ein Bürger, wie wir am Beispiel des Sklaven gesehen haben. Dasselbe gilt für einen Fremden, wenn er in den Herrschaftsbereich eines anderen kommt. Dieser wird nicht als Bürger angesehen und hat keinerlei Anteil an den Rechten und Privilegien der Bürgerschaft. [...]
|71| Unter den Bürgern gibt es solche, die einheimisch, und solche, die naturalisiert sind. Der einheimische Bürger ist der freie Untertan in einem Staat, in dem er geboren wurde, wobei beide Eltern oder nur ein Elternteil ebenfalls Bürger sind. [...] |72| Der naturalisierte Bürger begibt sich in die Souveränität eines anderen und wird vom Souverän als Untertan aufgenommen. Ein Ehrenbürger, der wegen seiner Verdienste oder aufgrund eines Gnadenerweises Rechte als Bürger hat, ist kein wirklicher Bürger, da er nicht Untertan ist. Eine Vielzahl von Bürgern, einheimische oder naturalisierte Bürger oder freigelassene Sklaven – auf diese drei Arten kann man den Bürgerstatus besitzen –, bilden einen Staat, wenn die Bürger durch die souveräne Gewalt eines einzelnen oder mehrerer regiert werden, auch wenn es Unterschiede in den Gesetzen, der Sprache, den Sitten, den Religionen oder den Nationen gibt. Wenn alle Bürger durch dieselben Gesetze und Sitten regiert werden, handelt es sich nicht nur um einen Staat[5], sondern auch um eine Bürgergemeinde[6], auch wenn die Bürger auf Städte, Dörfer oder Provinzen verteilt sind. Denn eine Stadt[7] ist noch keine Bürgergemeinde, wenn dies auch behauptet worden ist, so

5. République.
6. cité, lateinisch civitas.
7. ville.

wie das Haus nicht der Familie entspricht, die aus mehreren, weit auseinander wohnenden Sklaven oder Kindern bestehen kann. Bedingung ist nur, daß sie alle die Untertanen eines Familienoberhaupts sind. Dies gilt analog für eine Bürgergemeinde, die |73| mehrere Städte und Dörfer mit gemeinsamer Sitte umfaßt, wie sie Baillage und Sénéchaussée[8] in diesem Königreich darstellen. Ein Staat kann mehrere Bürgergemeinden und Provinzen umfassen, die zwar unterschiedliche Sitten haben, aber einheitlich dem Befehl des souveränen Herrschers und seinen Gesetzen unterstehen. [...]

## *7. Kapitel*

### *Über die, die in einem Schutzverhältnis stehen. Der Unterschied zwischen Verbündeten, Fremden und Untertanen*

|101| Wir haben den Unterschied zwischen Untertanen, Bürgern und Fremden geklärt. Wenden wir uns nun den Verbündeten zu, insbesondere denen, die in einem Schutzverhältnis stehen. Niemand, der über den Staat geschrieben hat, hat bisher diesen für das Verständnis der Staaten so wichtigen Gegenstand dargestellt.

Im weitesten Sinn des Wortes bezieht sich Protektion auf alle Untertanen, die einem souveränen Fürsten oder Herrn gegenüber in einem Gehorsamsverhältnis stehen. Wie wir bereits festgestellt haben, ist der Fürst verpflichtet, die Sicherheit seiner Untertanen, ihres Besitzes und ihrer Familien mit Waffengewalt und Gesetzeskraft zu gewährleisten. Umgekehrt schulden die Untertanen Treue, Unterwerfung, Gehorsam, Hilfe und Beistand. Dies ist die erste und intensivste Form der Protektion, denn die Rechte des Herrn

8. Die französischen Gerichts- und Verwaltungsbezirke.

über seinen Sklaven, des Patrons über seinen Freigelassenen, des Lehnsherrn über seinen Vasallen ist den Rechten des Fürsten gegenüber seinen Untertanen nachgeordnet. [...]
In Verträgen jedoch hat der Begriff ›Protektion‹ einen speziellen Sinn und beinhaltet weder Unterwerfung dessen, der in einem Schutzverhältnis steht, noch Befehlsgewalt des Protektors. Dieser kann lediglich Ehrerbietung von denen erwarten, deren Verteidigung und Schutz er übernommen hat, ohne daß deren Souveränität beeinträchtigt würde oder der Protektor irgendwelche Gewalt über sie hätte. Diese Bedeutung von Protektion ist die beste und hervorragendste. Denn der souveräne Fürst, der Herr oder der Patron ziehen einen Vorteil aus ihrer gegenüber den Untertanen bestehenden Schutzverpflichtung, während der Protektor mit Ehrerbietung und Dankbarkeit zufrieden ist. Zieht er irgendeinen Vorteil daraus, handelt es sich nicht eigentlich mehr um Protektion. Wenn jemand einem anderen etwas leiht und daraus einen Gewinn erzielt, so handelt er nicht anders als ein |102| Söldner, der sich um Geld verdingt. Wenn jemand aus freien Stücken Beistand verspricht, so ist er ohne Entgelt zur Erfüllung des Versprechens verpflichtet. [...]
Kein Versprechen ist bindender als die eingegangene Verpflichtung, Besitz, Leben und Ehre der Schwachen gegen die Starken, der Armen gegen die Reichen, der Unschuldigen gegen die Böswilligen zu verteidigen. [...]
|105| Von zentraler Bedeutung ist die Frage, ob ein souveräner Fürst, der sich in die Protektion eines anderen begibt, seine Souveränitätsrechte verliert und der Untertan des Protektors wird. Es könnte so aussehen, daß jemand nicht mehr souverän ist, wenn er einen anderen als Größeren anerkennt. Dennoch vertrete ich die Auffassung, daß er ein Souverän bleibt und kein Untertan wird. [...] Protektion beinhaltet nicht Unterwerfung, sondern Überlegenheit und Vorrecht an Ehren. [...]

## *8. Kapitel*

## *Über die Souveränität*

|122| Der Begriff Souveränität beinhaltet die absolute und dauernde Gewalt eines Staates, die im Lateinischen *majestas* heißt. [...] Souveränität bedeutet höchste Befehlsgewalt.[9] Es ist geboten, hier den Begriff der Souveränität genau zu bestimmen, weil noch kein Rechtsgelehrter oder Staatsdenker ihn bisher definiert hat, obwohl er doch von zentraler Bedeutung und seine Klärung für eine Abhandlung über den Staat am allerwichtigsten ist. Und da wir zuvor den Staat definiert haben als die dem Recht gemäß gehandhabte Lenkung mehrerer Familien und der ihnen gemeinsamen Dinge mit souveräner Gewalt, so ist zu erläutern, was unter dieser souveränen Gewalt zu verstehen ist.

Ich sagte, daß es sich um eine *dauernde Gewalt* handelt. Es kann nämlich sein, daß absolute Gewalt auf einen einzelnen oder mehrere für begrenzte Zeit übertragen wird, nach deren Ablauf sie wieder einfache Untertanen sind. Darum können sie, auch solange sie an der Macht sind, nicht als souveräne Herrscher betrachtet werden. Sie sind nur Treuhänder und Hüter dieser Gewalt, bis es dem Volk oder dem Fürsten gefällt, diesen Zustand zu widerrufen. Der wirkliche Souverän bleibt stets im Besitz der Staatsgewalt. Denn wie diejenigen, die anderen ihre Güter zum Gebrauch überlassen, doch immer Herren und Eigentümer bleiben, so verhält es sich auch mit denen, die die Verfügung über richterliche Gewalt oder Herrschaftsgewalt für eine begrenzte Zeit oder so lange, wie es ihnen gefällt, verleihen. Sie bleiben dennoch im Besitz der Staatsgewalt und Gerichtsbarkeit, die andere kraft Belehnung oder widerruflich ausüben. Darum wird vom Gouverneur einer Provinz oder Stellver-

9. In der lateinischen Fassung lautet diese zentrale Aussage, von deren berühmter Formel sich die Epochenbezeichnung Absolutismus herleitet: »Majestas est summa in cives ac subditos legibusque soluta potestas.« (S. 123.)

treter des Fürsten nach Ablauf der Amtszeit gefordert, formell von der ihm übertragenen Macht zurückzutreten. In dieser Hinsicht gibt es keinen Unterschied zwischen dem Inhaber eines hohen und eines niedrigen Staatsamts.

Wäre es anders und würde die einem Stellvertreter des Herrschers übertragene absolute Gewalt Souveränität genannt, so könnte dieser die Gewalt auch gegen den Herrscher einsetzen, der dies dann nur noch dem Namen nach wäre. Der Untertan würde dann seinem Fürsten befehlen, der Diener dem Herrn. Dies wäre absurd, bedenkt man, daß die Person des Herrschers immer und in aller Form rechtens ausgenommen ist, wieviel Macht oder Autorität er auch delegiert; immer behält er die größere Machtvollkommenheit für sich selbst. [...] |123| Anerkennt man diese Grundsätze als die fundamentalen Elemente der Souveränität, so folgt daraus, daß [...] niemand, der nur für einen begrenzten Zeitraum die absolute Gewalt im Staat hat, souverän genannt werden kann. [...] |124| Souveränität wird weder durch irgendeine Gewalt, noch durch menschliche Satzung, noch durch eine Frist begrenzt. [...]

Wir wollen aber den Fall annehmen, daß man einem einzelnen oder mehreren die absolute Staatsgewalt ohne Einschränkung überträgt und daß dies über Jahre hinweg andauert. Können wir dann sagen, diese verfügten über die Souveränität? Souverän ist nur derjenige, der allein Gott als Größeren über sich anerkennt. Also besitzen diese keine Souveränität, da sie nichts sind als Verwahrer der obersten Gewalt für eine befristete Zeit. Das Volk hat die Souveränität nicht verloren, wenn es für eine begrenzte Zeit einen oder mehrere Statthalter mit absoluter Gewalt bestellt. [...]

|126| Nehmen wir nun aber an, die absolute Gewalt wird einem Stellvertreter des Königs auf Lebenszeit übertragen: handelt es sich dann um souveräne und dauernde Gewalt? Wenn man unter dauernd versteht, daß etwas kein Ende hat, gäbe es Souveränität nur in Aristokratien und Demokratien, in denen die Kontinuität der Souveränität niemals

abbricht.[10] Wenn wir dauernd auf einen Monarchen und seine Erben beziehen, gäbe es nur wenig souveräne Monarchien, da nur wenige Erbmonarchien sind. Solche, die durch Wahl auf den Thron gelangen, wären keine souveränen Könige. Unter dauernd ist also die Dauer der Lebenszeit dessen zu verstehen, der die oberste Gewalt innehat.

Wenn ein souveräner Magistrat, der sein Amt für ein Jahr oder irgendeine andere bestimmte Zeitspanne erhielt, an der Macht festhält, so tut er dies entweder aufgrund freier Übereinkunft oder aufgrund von Gewalt. Geschieht es durch Gewalt, handelt es sich um Tyrannei. Gleichwohl ist der Tyrann souverän. So wie der auf Gewalt beruhende Besitz eines Räubers tatsächlicher Besitz ist, auch wenn es sich um eine Gesetzwidrigkeit handelt. Die früheren Besitzer sind enteignet. Wenn aber der Magistrat aufgrund einer Übereinkunft im Besitz der obersten Gewalt bleibt, ist er kein souveräner Fürst, da er nur aufgrund einer Einwilligung herrscht. [...]

|127| Wie bewerten wir nun aber jemanden, der vom Volk die absolute Gewalt auf Lebenszeit erhalten hat? Hier gilt es zu unterscheiden. Ist ihm die absolute Gewalt ohne Vorbehalte und Einschränkungen übergeben worden, so handelt es sich zweifellos um einen souveränen Monarchen. Denn das Volk hat sich seiner souveränen Gewalt entäußert, um ihn darin einzusetzen und damit zu bekleiden. [...] Wenn aber das Volk die Staatsgewalt jemandem auf Lebenszeit als Amtsträger oder Stellvertreter überträgt oder lediglich, um sich von der Ausübung der Gewalt zu befreien, so ist er keineswegs souverän, sondern einfach Amtsträger, Stellvertreter, Regent, Gouverneur, Verwalter oder Nutznießer einer fremden Gewalt. So verhält es sich auch, wenn ein Magistrat auf Dauer einen Stellvertreter einsetzt. Auch wenn der Magistrat von der Rechtsprechung keinerlei Ge-

10. Im Unterschied zum souveränen Fürsten einer Monarchie, der eines Tages stirbt, ist die souveräne Gewalt in Aristokratien und Demokratien institutionell verankert: »ceux qui ont la souveraineté ne meurent point«. République IV, 3, S. 578.

brauch macht, so liegt die Machtvollkommenheit zu befehlen und zu richten keinesfalls bei dem Stellvertreter. Sollte dieser die ihm eingeräumte Kompetenz überschreiten, so sind alle Maßnahmen nichtig, es sei denn, sie werden von dem, der die Vollmacht gegeben hat, bestätigt, gebilligt und anerkannt. [...] Mag also fremde Macht kraft Auftrags, Einsetzung oder Übertragung – zeitlich begrenzt oder dauernd – ausgeübt werden, so ist der, welcher sie ausübt, keinesfalls souverän. [...]

|128| Wenden wir uns nun dem anderen Bestandteil unserer Definition zu und erläutern wir, was die Worte *absolute Gewalt* bedeuten. Das Volk oder die Großen eines Staates können die souveräne und dauernde Gewalt an jemanden in der Weise übertragen[11], daß er über Güter, Personen und den ganzen Staat nach seinem Belieben verfügt und ihn später übertragen kann, an wen er will. Dies entspricht der uneingeschränkten und aus keinem anderen Grund als aus Freigebigkeit erfolgenden Schenkung, die allein den Charakter einer wahren Schenkung besitzt. Daran sind keine Bedingungen mehr geknüpft. So wie alle anderen Schenkungsakte, die Auflagen und Bedingungen beinhalten, keine wirklichen Schenkungen sind, so ist auch die Souveränität, die einem Fürsten unter Auflagen und Bedingungen übertragen wird, keine Souveränität im strengen Sinn und keine absolute Gewalt, es sei denn, die bei der Thronerhebung auferlegten Bedingungen entstammen dem Gesetz Gottes oder der Natur. [...] |129| Die Staatsgewalt ist dann absolut und souverän, wenn sie nur dem göttlichen Gebot und dem Naturrecht unterworfen ist. [...]

Zu dem, was man über das Königreich von Aragon berichtet, habe ich in Erfahrung gebracht, daß man die alte Sitte nicht mehr praktiziert, die darin bestand, daß der |130| Große Magistrat, den sie Justitia von Aragon nennen, zum

11. Die entsprechende Stelle in der lateinischen Fassung präzisiert diesen Vorgang: »nam populus summum perpetuumque imperium in cives, ac vitae necisque potestatem, legibus omnibus solutam uni ex civibus tribuere potest.« (S. 129.)

König sagt: »Wir, die wir Euch an Geltung nicht unterlegen und an Macht überlegen sind, wählen Euch unter bestimmten Bedingungen zum König. Zwischen Euch und uns steht einer, der größere Macht hat als Ihr.« Wer daraus aber ableitet, daß der König vom Volk gewählt wurde, täuscht sich. Denn das hat es nie gegeben. Es ist sicher, daß Sancho der Große das Königreich mit Waffengewalt den Mauren entrissen hat, die es 700 Jahre lang in ihrem Besitz hatten. Danach hat seine Nachkommenschaft in männlicher und weiblicher Linie aufgrund des Thronfolgerechts die Herrschaft ununterbrochen innegehabt. Ebenso schreibt Petrus Belluga[12], der über das Recht von Aragon sorgfältige Ausführungen gemacht hat, das Volk habe nicht das Recht, den König zu wählen, es sei denn, das Königsgeschlecht stirbt aus. Auch sei es unmöglich, daß der König von Aragon weniger Macht hätte als die Stände. Belluga stellt fest, daß die Stände sich nicht ohne ausdrückliche Verfügung des Königs versammeln können. Noch können sie sich ohne Zustimmung des Königs auflösen.[13] [...]

12. Petrus Belluga, Speculum principum ac iustitiae, Paris 1530.
13. Dieser Passage kommt grundsätzliche Bedeutung zu. Sie richtet sich gegen die ständische Theorie der Monarchomachen, die in Aragon ein Beispiel für die Überordnung der Stände über den König erblicken wollten. So schreibt Beza: »Das zweite Zeugnis, das ich vorzulegen versprochen habe, ist jene besondere Formel, die auch heute noch die Aragonesen bei Einsetzung ihrer Könige gebrauchen – wenn sie nicht vor kurzer Zeit geändert worden sein sollte. Dieselbe Formel wenden sie bei den alle drei Jahre stattfindenden Zusammenkünften wieder an, wenn der König sich mit seinen Ständen versammelt, um den Seinen Recht zu sprechen und von ihnen Recht zu erhalten. Dabei finden zunächst zwischen dem sogenannten aragonesischen Justitia – er repräsentiert die Herrschaft und ihm müssen sich die Könige durch einen Eid verpflichten – und dem Herrscher, der jetzt gewählt wird oder schon gewählt ist, viele Zeremonien statt. Dann wird folgende Formel mit genau den Worten gesprochen: ›Wir, die wir so viel Bedeutung haben als Ihr, und die wir mehr Macht haben als Ihr, erwählen Euch unter diesen und folgenden Bedingungen zum König. Über Euch und uns hat Einer noch größere Macht als Ihr.‹ Daraus ersieht man, wie die Spanier ihre Könige ehrten, soweit es ihre Pflicht war.« Beza, De Iure Magistratuum, (1576); dt. Ausgabe: J. Dennert (Hrsg.), Beza, Brutus, Hotman. Calvinistische Monarchomachen, Köln u. Opladen 1968, S. 31.

Alle Stände sind dem König untertan, der weder ihren Rat sucht noch sich nach ihren Wünschen richtet. [...] Denn die Könige von Frankreich und Spanien verfügen über die absolute Gewalt. [...] |131| Wenn wir aber feststellen, daß nur derjenige absolute Gewalt besitzt, der schlechthin keinem Gesetz unterworfen ist, so fände sich auf der ganzen Welt kein souveräner Fürst. Denn alle Fürsten dieser Welt sind den Gesetzen Gottes und der Natur sowie gewissen menschlichen Gesetzen, die allen Völkern gemeinsam sind, unterworfen.[14]

Andererseits kann es sein, daß ein Untertan von der Gültigkeit aller Gesetze, Ordnungen und Gewohnheitsrechte seines Staates ausgenommen wird und gleichwohl kein souveräner Fürst ist. Wir kennen ein entsprechendes Beispiel in Pompeius dem Großen, dem das römische Volk auf Antrag des Volkstribunen Gabinius Vollmachten für die Dauer von fünf Jahren übertrug.[15] [...] Dennoch bleibt ein solcher Untertan, ungeachtet seiner vorübergehenden Stellung außerhalb des geltenden Rechts, immer in Abhängigkeit vom Inhaber der souveränen Gewalt. Oder anders formuliert: die Inhaber der Souveränität sind auf keine Weise

Auch François Hotman zieht dieses Beispiel heran und lobt den »einzigartigen Mut«, »den dieses Volk an den Tag legt, um seinen König in Schranken zu halten.« Franco Gallia (1573); dt. Ausgabe: Dennert, a. a. O., S. 258. Eine kritische Ausgabe der Franco Gallia liegt jetzt in lateinisch-englischem Text vor: Francogallia, hrsg. von R. E. Giesey und J. H. M. Salmon, Cambridge 1972. Zu der gesamten Problematik vgl. R. E. Giesey, If Not, Not: The Oath of the Aragonese and the Legendary Laws of Sobrarbe, Princeton 1968.

14. In der lateinischen Fassung wird das den Staaten gemeinsame und zwischen den Staaten geltende Recht, das ius gentium, von dem Gesetz Gottes und der Natur wieder unterschieden: »Nam si legibus omnibus solutam definiamus, nullus omnio princeps iura maiestatis habere comperiatur, cum omnes teneat lex divina, lex item naturae, tum etiam lex omnium gentium communis, quae a naturae legibus ac divinis divisas habet rationes.« (S. 132.) Zu dem ganzen Vorgang vgl. H. Quaritsch, Staat und Souveränität, Bd. 1, Frankfurt 1970, S. 368 ff.

15. Es handelt sich um die Lex Gabinia, die Pompeius 67 v. Chr. auf Antrag des Volkstribunen Gabinius außerordentliche Vollmachten, entgegen Bodins Angabe allerdings nur für drei Jahre, übertrug, um im Mittelmeer die Seeräubergefahr wirkungsvoller bekämpfen zu können.

den Befehlen eines anderen unterworfen, geben den Untertanen Gesetze, schaffen überholte Gesetze ab, um dafür neue zu erlassen. Niemand, der selbst den Gesetzen oder der Befehlsgewalt anderer untersteht, kann dies tun. Darum gilt, daß der Fürst von der Gewalt der Gesetze entbunden ist. Zumal das Wort Gesetz im Lateinischen soviel bedeutet wie Befehl des Souveräns. Wir finden deshalb auch bei allen Edikten und Ordonnanzen die Klausel: »Ungeachtet aller entgegenstehenden Edikte und Ordonnanzen, die Wir aufgehoben haben und hiermit aufheben und ungeachtet aller abweichenden Bestimmungen.« Diese Klausel ist seit jeher den alten Gesetzen angefügt worden, unabhängig davon, ob das aufgehobene Gesetz von demselben Fürsten oder seinem Vorgänger erlassen worden war. Denn alle Gesetze, Ordonnanzen, Patente, Privilegien und Auflagen der Fürsten |132| gelten nur zu ihren Lebzeiten, wenn sie nicht durch ausdrückliche oder stillschweigende Einwilligung des Herrschers bestätigt werden. [...] Deshalb erbitten in Frankreich beim Regierungsantritt eines neuen Königs alle Kollegien und Gemeinden die Bestätigung ihrer Privilegien sowie ihrer Amts- und Gerichtsgewalt. Dies tun sogar die Parlamente und obersten Gerichtshöfe wie auch die einzelnen Amtsträger.

Ist also der souveräne Fürst den Gesetzen seiner Vorgänger nicht unterworfen, um wieviel weniger kann er an die von ihm selbst erlassenen Gesetze und Ordonnanzen gebunden sein. Man kann wohl unter dem Gesetz eines anderen stehen, aber es liegt in der Natur der Sache, daß man sich selbst kein Gesetz geben und sich nicht selbst befehlen kann, was allein vom eigenen Willen abhängt. Dies entspricht dem Satz: »nulla obligatio consistere potest, quae a voluntate promittentis statum capit.« Daraus folgt notwendigerweise, daß der König seinen eigenen Gesetzen nicht unterworfen sein kann. Genausowenig, wie nach dem Urteil der Kirchenrechtslehrer sich der Papst die Hände binden kann, kann der souveräne Fürst dies tun, selbst wenn er es wollte. |133| Deshalb enden Gesetze und Ordonnanzen mit den

Worten: CAR TEL EST NOSTRE PLAISIR. Auf diese Weise wird angezeigt, daß die Gesetze eines souveränen Herrschers, auch wenn sie auf guten und triftigen Erwägungen beruhen, einzig und allein seiner freien Willensentscheidung entspringen.

Was allerdings die Gesetze Gottes und der Natur betrifft, so sind alle Fürsten auf dieser Erde an sie gebunden. Es liegt nicht in ihrer Macht, gegen sie zu verstoßen, wenn sie nicht des beleidigenden Aufbegehrens gegen Gott schuldig werden wollen, unter dessen Größe sich alle Monarchen der Welt beugen und vor dem sie ihr Haupt in Furcht und Ehrerbietung neigen müssen. Die absolute Gewalt der Fürsten und Herrschenden reicht nicht an die Gesetze Gottes und der Natur heran. Der, welcher am besten wußte, was absolute Gewalt ist und sich Könige und Kaiser untertan machte,[16] meinte, er könne das positive Recht abändern. Er beanspruchte aber keine eigene Machtvollkommenheit gegenüber den Gesetzen Gottes und der Natur.

Ist der Fürst nun den Gesetzen des Landes unterworfen, die er zu halten geschworen hat? Man muß verschiedene Fälle auseinanderhalten. Wenn er sich selbst schwört, seine Gesetze zu halten, so ist er durch sein Gesetz nicht mehr gebunden als durch einen Eid, den jemand sich selber leistet. Denn selbst Untertanen sind durch einen Eid nicht an Abmachungen gebunden, die, seien sie auch in sich ehrlich und vernünftig, das Gesetz zu annullieren erlaubt. Und wenn ein souveräner Fürst einem anderen Fürsten zusichert, die Gesetze zu halten, die er oder seine Vorgänger gemacht haben, so ist er, auch wenn er sich nicht eidlich gebunden hat, verpflichtet, diese zu halten, wenn die Interessen des anderen Fürsten berührt sind. Ist dies aber nicht der Fall, so können ihn weder ein abgegebenes Versprechen noch ein geleisteter Eid verpflichten.

Dasselbe gilt von einem Versprechen, das der souveräne Fürst einem Untertanen gegeben hat, auch wenn er es vor

16. Gemeint ist Papst Innozenz IV. (1243–54).

seiner Wahl gegeben hat. Dies bewirkt nämlich keinen Unterschied, wie manche meinen. Auch in diesem Fall ist ein Fürst nicht durch seine eigenen Gesetze noch durch die seiner Vorgänger gebunden, sehr wohl aber, wie jeder einzelne Untertan auch, durch rechtmäßige Verträge und Versprechen, die er mit oder ohne Eid eingegangen ist oder geleistet hat. Ein Privatmann kann von einem Versprechen entbunden werden, das ihm zu großem Schaden gereichen würde. Nämlich dann, wenn es ungerecht oder unvernünftig ist; wenn es ihn ungebührlich belastet; wenn es ihm |134| in hinterlistiger Weise durch Betrug, Gewalt oder Furcht abgerungen wurde. Analog kann ein Fürst gegen jede Beeinträchtigung seiner Souveränität vorgehen. Unser Grundsatz bleibt also bestehen, daß der Fürst weder seinen eigenen Gesetzen noch denen seiner Vorgänger unterworfen ist, sehr wohl aber seinen rechtmäßigen und vernünftigen Verträgen, an deren Einhaltung alle Untertanen interessiert sind.

Viele verfallen einem Irrtum, indem sie die Gesetze eines Fürsten und seine Verträge, die sie ebenfalls Gesetze nennen, durcheinanderbringen. Auch der irrt, der die Verträge eines Fürsten vertragliche Gesetze nennt. So geschieht es in Aragon: wenn der König aufgrund einer Petition der Stände eine Verordnung erläßt und als Gegenleistung Geld erhält, so ist er nach herrschender Auffassung strikt gebunden, auch wenn dies durch seine anderen Gesetze nicht der Fall ist. Jedoch wird zugegeben, daß er sich auch hiervon lösen kann, wenn der Grund für das Gesetz hinfällig wird. Dies alles ist wahr und begründet. Aber man benötigt weder Geldgeschenke noch einen Schwur, um den souveränen Fürsten zu binden, wenn die Untertanen an der Beachtung eines Gesetzes Interesse haben. Denn das Wort eines Fürsten gleicht einem göttlichen Ausspruch. Es verliert seine Würde, wenn man so schlecht von ihm denkt, daß ihm nur nach einer Eidesleistung oder gegen Geld vertraut wird. Dennoch bleibt der Rechtsgrundsatz gültig, daß der souveräne Herrscher Gesetze, die zu halten er versprochen oder geschworen hat, ohne Zustimmung der Untertanen aufheben kann, wenn der Rechtsgrund für sie zu bestehen aufgehört hat. Wahr ist aber auch, daß eine nur allgemein gehaltene Begründung für eine Gesetzesaufhebung unzureichend ist. Wenn es keinen speziellen und gerechten Grund gibt, ein Gesetz zu kassieren, das zu halten er versprochen hat, darf und kann der Fürst ihm nicht zuwiderhandeln. Wahr ist weiterhin, daß er nicht an Verträge und Versprechungen seiner Vorgänger gebunden ist, wenn er nicht ihr Erbe ist. [...]

|135| Man darf nicht Gesetz und Vertrag verwechseln. Das Gesetz hängt vom Inhaber der Souveränität ab, der seine Untertanen darauf verpflichten kann, ohne selbst gebunden zu sein. Ein Vertrag aber ist eine zweiseitige Angelegenheit zwischen Fürst und Untertanen. Er verpflichtet beide Seiten wechselseitig. Keine Seite kann ihm zum Nachteil der anderen ohne deren Zustimmung zuwiderhandeln. Der Fürst hat dabei gegenüber dem Untertanen keinerlei Vorrechte. Wenn jedoch ein Gesetz, das der Fürst zu halten versprochen hat, aufhört, dem ursprünglichen Rechtsgrund zu entsprechen, so ist er nicht länger an sein Versprechen gebunden. Dies können die Untertanen untereinander nicht tun, es sei denn, der Fürst entbindet sie von ihren Verpflichtungen. Souveräne Fürsten schwören niemals, die Gesetze ihrer Vorgänger zu achten. Sonst sind sie nicht wirklich souverän. [...]

|137| Was die Grundgesetze der Monarchie angeht, insofern sie unmittelbar mit der Krone verknüpft sind, wie es beim Salischen Gesetz[17] der Fall ist, so darf der Fürst nicht von ihnen abweichen. Tut er es dennoch, so kann der Nachfolger jederzeit annullieren, was sich gegen die Grundgesetze der Monarchie richtet, denn auf sie stützt sich und auf ihnen beruht die souveräne Majestät[18]. [...] Was nun die gewohn-

17. In der Lex Salica war die französische Thronfolgeordnung geregelt, deren Hauptpunkte der Grundsatz der Primogenitur und das agnatische Prinzip waren.

18. Hier werden die »lois fondamentales« – bei Bodin »loix du Royaume« oder »loix Royales« – angesprochen, die »leges imperii« der

heitsrechtlichen Bestimmungen betrifft, die nicht die Grundlagen des Königreichs berühren, so ändert man herkömmlicherweise nichts an ihnen, es sei denn, man hat vorher die drei Stände zusammengerufen – versammelt entweder in den Generalständen von ganz Frankreich oder nach Gerichtsbezirken getrennt. Daraus folgt aber nicht, daß der König an den Rat der Stände gebunden ist oder nicht das Gegenteil von dem tun kann, worum sie ersuchen, wenn seine Entschlüsse auf Vernunft und Gerechtigkeit aufbauen. Denn Größe und Majestät eines wirklich souveränen Herrschers zeigen sich, wenn die Stände des ganzen Volkes versammelt sind und in aller Untertänigkeit dem Herrscher ihre Anträge und Bitten vortragen, ohne die geringste Befehls- oder Entscheidungsgewalt oder auch nur eine beratende Stimme zu haben. Was der König nach seinem Gutdünken annimmt oder verwirft, befiehlt oder verbietet, hat Gesetzeskraft. In diesem Punkt haben sich die Autoren von Schriften über die Pflichten der Amtsträger und ähnlicher Bücher mit ihrer Behauptung geirrt, die Stände stünden über dem Fürsten.[19] Diese Meinung läßt die |138| Untertanen gegen das Gehorsamsprinzip revoltieren, das sie gegenüber ihrem souveränen Herrscher zu beachten haben, und ist weder vernünftig noch begründet, außer wenn der König gefangen oder geisteskrank oder ein Kind ist. Denn wenn der souveräne Fürst den Ständen unterworfen ist, so ist er weder Herrscher noch souverän und der Staat weder ein Königreich noch eine Monarchie, sondern eine reine

lateinischen Fassung: »Quantum vero ad imperii leges attinet, cum sint cum ipsa maiestate coniunctae, Principes nec eas abrogare, nec iis derogare possunt: cuiusmodi est lex Salica, regni huius firmissimum fundamentum. Quod si legibus imperii derogatum sit, hoc sarciri solet a magistratibus; mortuo principe, si quid erit contra leges imperii decretum, aut de iure maiestatis deminutum, aut de praediis ad Rempublicam pertinentibus usurpatum.« (S. 139.)

19. Hier richtet sich Bodin wiederum gegen die Lehre der Monarchomachen, gegen »ceux qui ont escrit du devoir des Magistrats«. Diese Formulierung könnte einen Bezug darstellen auf die Schrift »De Iure Magistratuum« von Theodor Beza, 1576.

Aristokratie mit mehreren gleich mächtigen Herren, wo die Mehrheit über die Minderheit zu bestimmen pflegt. In diesem Fall müßten die Edikte und Ordonnanzen im Namen der Stände verkündet und von den Ständen beschlossen werden, vergleichbar einer aristokratischen Herrschaft, wo der oberste Repräsentant keinerlei Macht hat und den Befehlen der Herrschaftsträger Gehorsam schuldet, was alles absurd und unvereinbar ist.

Als dagegen die Ständeversammlung in Tours abgehalten wurde und König Karl VIII. noch sehr jung war,[20] als die Stände über Macht verfügten wie nie zuvor, da begann Rely[21] seine Rede folgendermaßen: »Höchster, mächtigster, allerchristlichster König, unser Souverän und natürlicher Herr! Wir, Eure demütigen und gehorsamsten Untertanen, die wir aufgrund Eures Befehls hierhergekommen sind, erscheinen vor Euch in aller Demut, Ehrerbietung und Unterwürfigkeit. Und mir ist es von dieser edlen Versammlung aufgetragen worden, Euch gegenüber den guten Willen, die herzliche Zuneigung und den festen Entschluß zum Ausdruck zu bringen, Euch zu dienen, zu gehorchen und zu unterstützen in allen Euren Angelegenheiten, Befehlen und Eurem gnädigen Willen.« Kurz, die ganze Rede enthält nichts als Unterwürfigkeit, Dienstbereitschaft und Gehorsam. [...]

|139| Obwohl das Parlament im Königreich England, das alle drei Jahre zusammentritt,[22] größtmögliche Freiheit hat (wie es charakteristisch ist für die nördlichen Völker), verfährt es nur mit dem Mittel der Bittschrift und des Gesuchs. [...] Außerdem treten Parlamente in England (wie auch in Frankreich und Spanien) nur aufgrund königlicher Verordnung zusammen. Dies zeigt deutlich, daß die Ständeversammlungen und Parlamente über keine Macht verfügen, selbständig etwas zu beschließen, zu befehlen oder festzu-

20. 1484, als Karl VIII. 14 Jahre alt war.
21. Jean de Rely, Bischof von Angers.
22. Tatsächlich bestand im 16. Jahrhundert noch keine Periodizität der Parlamentssitzungen.

setzen. Ja, ohne ausdrückliche Weisung können sie weder zusammentreten noch sich auflösen. [...]
|140| Es wird nun vielleicht eingewandt, daß ohne Zustimmung des Parlaments keine Steuern auferlegt werden können. Dies stützt sich auf ein Gesetz König Eduards I., auf das sich das Volk gegenüber den Königen stets beruft. Darauf antworte ich, daß auch andere Könige nicht mehr Macht haben als der englische König. Weil nämlich kein Fürst die Macht hat, seinem Volk nach Gutdünken Steuern aufzuerlegen oder den Besitz eines anderen einzuziehen. Darauf hat Philippe de Commines während der Generalstände von Tours sehr weise hingewiesen, wie wir in seinen Memoiren lesen können.[23] Im Fall einer zwingenden Notwendigkeit muß der Fürst jedoch nicht den Zusammentritt der Generalstände abwarten, noch die Zustimmung des Volkes einholen, dessen Wohl von der Voraussicht und der Sorgfalt eines weisen Fürsten abhängt. [...]
|141| Wir müssen also feststellen, daß durch die Existenz von Ständevertretungen die Souveränität eines Herrschers weder verändert noch geschmälert wird. Im Gegenteil: seine Majestät erscheint größer und erlauchter, wenn sie als souverän vom ganzen Volk anerkannt wird, selbst für den Fall, daß die Fürsten – da sie ihre Untertanen nicht vor den Kopf stoßen wollen – in solchen Ständeversammlungen manchen Dingen zustimmen, die sie nicht gewährt hätten, wenn sie nicht durch |142| Petitionen, Bitten und gerechtfertigte Klagen dazu gedrängt worden wären. Aber das Volk wird oft genug durch Lasten bedrückt, die dem Fürsten unbekannt bleiben. Der Herrscher allein kann nicht alles wissen und ist auf Informationen anderer angewiesen.
Aus alldem wird deutlich, daß das Hauptmerkmal der souveränen Majestät und absoluten Gewalt vor allem darin be-

23. Philippe de Commines (1447–1511), französischer Diplomat und Historiker, auf den Bodin wiederholt Bezug nimmt und dessen Memoiren (dt. Ausgabe hrsg. von F. Ernst, Stuttgart 1952) eine bedeutende Quelle für das ausgehende 15. Jahrhundert darstellen.

steht, allen Untertanen ohne deren Zustimmung Gesetze auferlegen zu können. Ohne jetzt Beispiele aus anderen Ländern heranzuziehen, hat man es in Frankreich oft beobachten können, wie gewisse allgemeine Gewohnheitsrechte ohne Anhörung der Stände von unseren Königen durch Gesetz abgeschafft wurden, wenn deren Rechtsgrundlage hinfällig geworden war. [...] Der souveräne Fürst muß die Gesetze nach seinem Ermessen und gemäß den jeweiligen Umständen ändern können [...] wie der Lotse in eigener Entscheidung das Ruder betätigen muß, weil sonst das Schiff unterginge, wollte man zuerst den Rat aller Mitfahrenden einholen. Dies gilt nicht für den souveränen Herrscher, sondern bisweilen auch für die Magistrate. [...]

|143| Wenn es nützlich ist, daß der souveräne Fürst um einer guten Regierung des Staates willen die Gesetze zu seiner Disposition hat, so ist es noch zweckmäßiger für die Regierung in einer Aristokratie und notwendig für das Volk in einer Demokratie. Ein Monarch steht ebenso den Untertanen gegenüber wie die Herrschenden in einer Aristokratie. In beiden Staatsformen gibt es zwei Parteien: den oder die Inhaber der Souveränität auf der einen und das Volk auf der anderen Seite. Dies verursacht die Schwierigkeiten und Auseinandersetzungen über die Souveränitätsrechte, was in einer Demokratie nicht der Fall ist. [...] Dort bilden alle, Regierende und Regierte, eine Einheit und können nicht an ihre eigenen Gesetze gebunden sein. [...]

|145| Ein Fürst, der schwört, die Gesetze zu halten, kann nicht souverän sein, oder er wird eidbrüchig, wenn er nur ein Gesetz ändert und damit gegen seinen Schwur verstößt. Es ist notwendig, daß der souveräne Fürst Gesetze kassiert, ändert oder verbessert gemäß den Erfordernissen der Lage, der Zeit oder der Personen. Wenn wir sagen, daß der Fürst souverän ist und dennoch an den Rat des Senats oder des Volkes gebunden sein soll, so muß er von seinem Schwur, die Gesetze zu halten, entbunden werden. Und die Untertanen, die an die Gesetze gebunden sind, müssen ebenfalls aus Angst vor Eidbruch entbunden werden. Auf diese

Weise bewegt sich die Souveränität zwischen beiden Seiten hin und her. Bald herrscht das Volk, bald der Fürst. Dies ist äußerst widersinnig und völlig unvereinbar mit dem Gedanken der absoluten Souveränität und steht in Widerspruch zu Gesetz und Vernunft. Und dennoch bestehen viele darauf, daß Fürsten verpflichtet sein sollen zu schwören, die Gesetze und Gewohnheiten des Landes zu achten. Dadurch |146| vernichten und entwürdigen sie die souveräne Majestät, die zu sakrosankt sein sollte, um daraus eine Aristokratie oder Demokratie zu machen. Dies führt dazu, daß ein souveräner Fürst, der sich der ihm eigenen Souveränität beraubt sieht und den man den Gesetzen des Landes unterwerfen will, sich schließlich nicht nur von den positiven Gesetzen lossagt, sondern auch vom Gottes- und Naturgesetz. [...]

|149| Wenn Gesetze von den Ständen oder vom Parlament bestätigt werden, so ist dies von großer Bedeutung für deren Beachtung und Einhaltung. Das heißt aber nicht, daß ein souveräner Fürst nicht allein Gesetze erlassen kann. Die Zustimmung des Senats ist, wie Theodosius sagt, nicht eine Sache der Notwendigkeit, sondern des Entgegenkommens. Er bemerkt außerdem, es stehe einem Souverän sehr gut an, seine Gesetze zu halten. Nichts mache ihn bei seinen Untertanen gefürchteter und verehrungswürdiger. Gleichzeitig schade der Autorität des Gesetzes nichts so sehr wie seine Mißachtung. Wie ein römischer Senator meinte: levius est et vanius sua decreta tollere quam aliorum.[24]

Verhängt ein Fürst bei Mord die Todesstrafe, ist er damit dann nicht an sein eigenes Gesetz gebunden? Darauf ist zu erwidern, daß es sich hier nicht um sein eigenes Gesetz handelt, sondern um das Gesetz Gottes und der Natur, dem er strenger verpflichtet ist als irgendeiner seiner Untertanen und von dem ihn weder ein Senat noch das Volk entbinden kann. Der Fürst ist verantwortlich vor dem Richterstuhl Gottes, dessen Verhör in aller Strenge abläuft, wie schon

24. Es ist fahrlässiger und eitler, seine eigenen Verordnungen aufzuheben als die anderer.

Salomon feststellte. Auch Marc Aurel sagte, daß die Magistrate über einzelne und die Fürsten über die Magistrate richten und daß Gott der Richter der Fürsten ist. Dies ist die Meinung von zwei Fürsten, die zu den weisesten Herrschern gezählt werden. [...] |150| Wer ohne Einschränkung sagt, die Fürsten seien weder den Gesetzen noch ihren vertraglichen Versprechungen unterworfen, beleidigt Gott, wenn er nicht die Gesetze Gottes und der Natur sowie alle gerechten Verträge und Vereinbarungen ausnimmt. Selbst Dionysios, der Tyrann von Syrakus, sagte zu seiner Mutter, er könne sie von den syrakusanischen Gesetzen und Gewohnheitsrechten befreien, nicht aber von den Naturgesetzen. So wie Verträge zwischen einzelnen nicht von den Gesetzen der Magistrate, diese Gesetze nicht vom Gewohnheitsrecht des Landes und das Gewohnheitsrecht nicht von den Rechtsetzungen eines souveränen Fürsten abweichen können, so können die Gesetze der souveränen Fürsten die Gesetze Gottes und der Natur weder verfälschen noch ändern. [...]

Nun kann folgender Standpunkt vertreten werden: wenn der Fürst den Naturgesetzen unterworfen ist und die positiven Gesetze gerecht und vernünftig sein sollen, so folgt daraus, daß die Fürsten auch an diese Gesetze gebunden sind. [...] |151| Dazu ist zu sagen, daß die Gesetze eines souveränen Fürsten öffentliche oder private Dinge betreffen oder beide gleichzeitig. Weiter: in der Gesetzgebung gibt es den Fall, wo Interesse und Nutzen gegen Ansehen und guten Ruf des Staates stehen; oder wo der Nutzen das Ansehen unberührt läßt oder umgekehrt; oder wo Nutzen und Ansehen identisch sind; oder wo weder das eine noch das andere eine Rolle spielt. Wenn ich von Ansehen und gutem Ruf spreche, so ist das gemeint, was mit den natürlichen Gesetzen übereinstimmt. Ihnen sind die Herrscher unterworfen. [...] Geraten Ansehen und Nutzen in Konflikt, so geht das Ansehen vor. [...]

Im Bereich von Gesetzen, die sich nur auf den Nutzen beziehen und nicht den Bereich der natürlichen Gesetze berühren, kann der Fürst frei schalten. Er kann sie unter der Voraussetzung verändern oder aufheben, daß die Gesetzesänderung zum Nutzen der einen sich ohne zureichenden Grund nicht zum Schaden der anderen auswirkt. Der Fürst kann ein Gesetz kassieren und es durch ein mehr oder weniger gutes ersetzen, denn Nutzen, Ansehen und Gerechtigkeit weisen graduelle Unterschiede auf. Der Fürst kann das nützlichste unter den nützlichen Gesetzen und das gerechteste unter den gerechten Gesetzen auswählen; auch dann, wenn die einen einen Vorteil und andere einen Schaden davon haben, vorausgesetzt, die Gesamtheit hat den Vorteil und einzelne den Schaden. Dagegen ist es dem Untertan niemals erlaubt, unter dem Vorwand des Ansehens und der Gerechtigkeit den Gesetzen seines Fürsten zuwiderzuhandeln. Wenn in einer Zeit der Hungersnot der Fürst verbietet, Lebensmittel auszuführen, was nicht nur nützlich für die Allgemeinheit ist, sondern auch gerechtfertigt und vernünftig, so darf er nicht einigen wenigen zum Schaden der Allgemeinheit und besonders der Kaufleute Ausnahmegenehmigungen erteilen. Denn wenn diese Schmeichler und Geschäftemacher unter dem Vorwand des Nutzens tätig werden, erleiden viele gute Kaufleute einen Schaden und alle Untertanen sind ausgehungert. |152| Gehen Hungersnot und Teuerung zu Ende, so ist es den Untertanen gleichwohl nicht gestattet, gegen das erlassene Gesetz zu handeln, wenn dieses nicht aufgehoben ist. Der Untertan kann sich nicht auf den Grundsatz der natürlichen Gerechtigkeit berufen, nach dem man einem Fremden helfen und ihn an den Gütern teilhaben lassen soll, die Gott in dem einen Land mehr als in dem anderen wachsen läßt. Denn das Gesetz ist stärker als die scheinbare Gerechtigkeit, es sei denn, das in dem Gesetz ausgesprochene Verbot richtet sich direkt gegen Gottes- und Naturrecht.

Ein Gesetz mag gut, gerecht und vernünftig sein, niemals ist der Fürst ihm unterworfen. Wenn er bei Todesstrafe Waffenbesitz untersagt, um Mord und Aufruhr zu beenden, so muß er selbst sich nicht an das Gesetz halten. Im Gegenteil: er muß zur Verteidigung der Guten und Bestrafung der Bösen gut gerüstet sein. Dasselbe kann von Edikten und Ordonnanzen gesagt werden, die nur einen Teil der Untertanen betreffen, die rechtens sind in bezug auf einige Personen oder für eine bestimmte Zeit oder einen bestimmten Ort; oder für verschiedene Strafen, die immer auf Gesetzen beruhen, ungeachtet der Tatsache, daß sich das Verbot von Verbrechen aus dem göttlichen und natürlichen Recht herleitet. Diesen Gesetzen ist der Fürst nicht verpflichtet außer insofern, als die naturrechtliche Komponente zur Wirkung kommt. Besteht diese nicht mehr, ist auch die Bindung des Fürsten hinfällig. Nicht jedoch die Bindung der Untertanen, bis der Fürst die Ungültigkeit erklärt. Denn es ist göttliches und natürliches Gesetz, den Gesetzen dessen zu gehorchen, dem Gott die Gewalt über uns gegeben hat, wenn diese Gesetze nicht dem Gottesgesetz widersprechen. Gott steht über den Fürsten. [...]

Daraus können wir den Grundsatz ableiten, daß der souveräne Fürst an die Verträge gebunden ist, die er mit einem Untertan oder einem Fremden geschlossen hat. Denn da er die Verträge und Verpflichtungen seiner Untertanen untereinander garantiert, um wieviel mehr ist er in seinem eigenen Verhalten zur Einhaltung des Rechts verpflichtet. [...]

|153| Der Fürst ist in doppelter Weise gebunden: einmal durch das Prinzip der natürlichen Gerechtigkeit, nach der Verträge und Versprechen gehalten werden sollen; zum anderen um seiner Glaubwürdigkeit willen, um derentwillen er auch Nachteile in Kauf nehmen muß, weil er allen Untertanen gegenüber der Garant ihrer gegenseitigen Zusicherungen und Treueversprechen ist. [...]

|155| Es besteht ein Unterschied zwischen Recht und Gesetz. Das eine bezieht sich auf Gerechtigkeit, das andere auf Befehl. Denn ein Gesetz ist nichts anderes als eine Anordnung des Souveräns, der seine souveräne Macht gebraucht. [...] Den von ihm erlassenen Gesetzen ist der souveräne Fürst nicht unwiderruflich verpflichtet, es sei denn, diese sind identisch mit dem Naturgesetz. Das Natur-

gesetz, so sagt Pindar, ist es, dem alle Könige und Fürsten unterworfen sind. Weder der Papst noch der Kaiser sind von diesem |156| Gesetz ausgenommen, wenn auch einige sagen, sie könnten sich willkürlich am Eigentum ihrer Untertanen vergreifen. Viele Rechtslehrer, sogar Lehrer des Kirchenrechts, verwerfen diese dem göttlichen Gesetz widersprechende Auffassung. [...] Absolute Gewalt bedeutet Freiheit gegenüber den positiven Gesetzen, nicht gegenüber dem Gesetz Gottes. Durch das göttliche Gesetz wird klar zum Ausdruck gebracht, daß es nicht erlaubt ist, sich den Besitz eines anderen anzueignen oder auch nur danach zu trachten. [...] Wenn also ein souveräner Fürst die Naturgesetze nicht verletzen darf, die auf Gott, dessen Abbild er ist, zurückgehen, so darf er fremdes Eigentum nicht konfiszieren, |157| es sei denn, es gibt eine Rechtfertigung und vernünftige Begründung. Diese ist gegeben im Falle eines Kaufes oder Tausches oder für den Fall einer legitimen Konfiszierung von Eigentum im Interesse der Staatserhaltung, um einen sonst nicht zu erreichenden Frieden mit einem Feind abschließen zu können. Zum Zwecke der Staatserhaltung sollen die Untertanen nicht nur ihre Gegensätze und Konflikte hintanstellen, sondern auch ihr Eigentum aufgeben. [...]

Die Auffassung, die Fürsten seien Herren über alles, bezieht sich auf Herrschaft und Souveränität und beläßt jedem einzelnen sein Privateigentum. Wie Seneca sagt: ad reges potestas omnium pertinet, ad singulos proprietas; und wenig später: omnia rex imperio possidet, singuli dominio.[25] [...]

|158| Wir haben bisher gezeigt, in welchem Maß der Fürst den Gesetzen und Verträgen verpflichtet ist, die er mit den Untertanen vereinbart hat. |159| Es bleibt jetzt noch zu fragen, ob er auch durch die Verträge seiner Vorgänger gebunden ist und ob eine solche Bindung mit der Souveränität vereinbar ist. Wenn es sich um eine Erbmonarchie handelt,

25. Königen kommt die Macht über alle zu, den einzelnen die Verfügung über Privateigentum. [...] Alles besitzt der König durch seine Befehlsgewalt, die einzelnen besitzen es durch ihr Eigentum.

so ist der Fürst durch die Rechtsnormen gebunden wie irgendein Erbe. [. . .] Es gilt zu unterscheiden, ob der testamentarisch eingesetzte Erbe den Staat in seiner Eigenschaft als Erbe akzeptiert oder ob er die Nachfolge des Erblassers ablehnt und die Krone gemäß den Gewohnheiten und Gesetzen des Landes fordert. Im ersten Fall ist der Nachfolger an alle Versprechungen seines Vorgängers gebunden, wie es jeder gewöhnliche Erbe wäre. Im zweiten Fall dagegen trifft dies nicht zu. Ein Eid des Vorgängers bindet den Nachfolger keineswegs. Allerdings ist er in allen Dingen gebunden, die zum Nutzen des Königreichs beitragen. [. . .]

|161| Mancher wird nach dem Sinn dieser Unterscheidung fragen. Sind doch alle Fürsten durch das allen Völkern gemeinsame Recht gebunden, in dessen Rahmen Verträge und Testamente verankert sind. Ich halte dennoch die getroffenen Unterscheidungen für erforderlich. Denn der Fürst ist durch das den Völkern gemeinsame Recht ebensowenig gebunden wie durch seine eigenen Gesetze. Ist das Recht der Völker unbillig, so kann der Fürst es innerhalb seines Königreichs für ungültig erklären und seine Befolgung durch die Untertanen unterbinden, wie es in Frankreich mit der überall üblichen Sklaverei geschah. Dies kann auch mit anderen Dingen geschehen, vorausgesetzt, es richtet sich nicht gegen das Gesetz Gottes. Denn wenn Gerechtigkeit der Zweck der Gesetze ist und die Gesetze das Werk des Fürsten sind, der Fürst aber das Abbild Gottes ist, so folgt daraus, daß die Gesetze des Fürsten nach dem Muster des göttlichen Gesetzes beschaffen sein sollten.

## *10. Kapitel*
## *Die wahren Attribute der Souveränität*

|211| Da es auf Erden nach Gott nichts Größeres gibt als die souveränen Fürsten, die Gott als seine Statthalter eingesetzt hat, damit sie der übrigen Menschheit befehlen, ist es notwendig, auf ihre Stellung achtzuhaben, um in Unterwürfigkeit ihre Majestät achten |212| und verehren und über sie in Ehrerbietung denken und sprechen zu können. Wer sich gegen den König wendet, versündigt sich an Gott, dessen Abbild auf Erden der Fürst ist. [...]
Mit der Ausnahme von Aristoteles, Polybios[26] und Dionysios von Halikarnass[27] haben die Griechen nichts über die Souveränität ausgesagt. Diese wiederum haben sich so kurz gefaßt, daß man mit einem Blick ihre Unsicherheit in dieser Frage erkennt. Nach Aristoteles gibt es drei Bereiche des Staates. Einer, wo Beratungen stattfinden; ein anderer zur Einsetzung der Amtsinhaber und Zuweisung der Pflichten eines jeden Untertanen; schließlich ein dritter für die Rechtsprechung. Aristoteles hat nur an dieser Stelle von den Souveränitätsrechten gesprochen. |213| Auch Polybios hat die Souveränität nicht definiert. Er sagt von den Römern, daß ihr Staat eine Mischform aus Monarchie, Aristokratie und Demokratie darstellte, indem das Volk Gesetze machte und die Ämter vergab; der Senat die Provinzen und die Staatsfinanzen verwaltete, Botschafter empfing und für die Lenkung des Staates verantwortlich war; die Konsuln – Königen gleich – das höchste Ansehen genossen, besonders im Krieg, wo sie den Oberbefehl innehatten. Daraus wird deutlich, daß Polybios die wesentlichen Aspekte der Souveränität behandelt, zumal er sagt, daß die Inhaber

26. Polybios, griechischer Historiker (ca. 200–120 v. Chr.). Sein fragmentarisch überliefertes Werk »Historien« behandelt die Zeit vom 2. Punischen Krieg bis zur Zerstörung Karthagos.
27. Zeitgenosse von Livius und Verfasser einer Geschichte Roms von den Anfängen bis 264 v. Chr.

dieser Rechte über die Souveränität verfügten. Am besten und klarer als die anderen hat Dionysios von Halikarnass über dieses Problem gehandelt. Er führt aus, wie König Servius die Gewalt des Senats beschnitt und dem Volk die Vollmacht übertrug, Gesetze zu erlassen und zu annullieren, über Krieg und Frieden zu entscheiden, Beamte ein- und abzusetzen und als Appellationsinstanz aufzutreten. An anderer Stelle, wo er den dritten Konflikt in Rom zwischen der Nobilität und dem Volk erörtert, beschreibt er, wie der Konsul Marcus Valerius das Volk aufforderte, sich mit dem Recht zu begnügen, Gesetze zu erlassen, Beamte einzusetzen und Appellationsinstanz zu sein. Der Rest falle in die Kompetenz des Senats.
Die Rechtsgelehrten haben diese Rechte seit jeher und besonders in jüngster Zeit untersucht, namentlich in Abhandlungen über Regalien. In diesem Rahmen ist eine unübersehbare Zahl von Einzelrechten angehäuft worden, wie sie von Herzögen, Grafen, Baronen, Bischöfen, verschiedenen Amtsträgern und anderen Untertanen der souveränen Fürsten wahrgenommen werden. Herzöge wie die von Mailand, Mantua, Ferrara und Savoyen, selbst Grafen werden souveräne Fürsten genannt. Dies beruht auf einem Irrtum, wenn der Schein auch dafür sprechen mag. Denn wer möchte den nicht souverän nennen, der Gesetze erläßt, über Krieg und Frieden befindet, der alle Ämter besetzt, der Steuern erhebt, der nach Gutdünken jemanden befreit und den begnadigt, der den Tod verdient hätte. Welche anderen Gewalten sind darüber hinaus bei einem souveränen Fürsten denkbar? Diese Fürsten verfügen über die Kennzeichen der Souveränität. Jedoch haben wir oben gezeigt, daß die Herzöge von Mailand, Savoyen, Ferrara, Florenz und Mantua in Lehnsabhängigkeit vom Kaiserreich stehen. |214| Ihr vornehmster Titel ist der eines Reichsfürsten und Statthalters des Kaisers. Wir haben auch gezeigt, daß sie vom Kaiser eingesetzt sind, ihm Treue schwören und huldigen; kurz: daß sie seine Untertanen sind und aus Ländern stammen, die in einem Abhängigkeitsverhältnis zum Reich stehen.

Wie aber können sie dann die absolute Souveränität besitzen? Wie kann jemand souverän genannt werden, der das Recht eines über ihm Stehenden anerkennt? [...] Es ist absurd, wenn man den Vasall zum Souverän macht. Dies bedeutete die Gleichstellung des Herrschers und des Untertanen; des Herrn und des Dieners; desjenigen, der das Gesetz erläßt, und desjenigen, dem es auferlegt ist; desjenigen, der befiehlt, und desjenigen, der Gehorsam schuldet. Da dies unmöglich ist, folgt daraus, daß die Herzöge, Grafen und alle Lehnsabhängigen sowie alle, die durch Gewalt oder Verpflichtung Gesetzen und Befehlen anderer unterliegen, nicht souverän sind. [...]
|215| Die wahren Attribute der Souveränität sind nur dem souveränen Fürsten eigen. Wenn sie auf Untertanen übertragbar sind, kann man nicht länger von Souveränität sprechen. Eine zerbrochene Krone kann nicht mehr als Krone bezeichnet werden. Ebenso verliert die souveräne Majestät ihre Größe, wenn man ihre Rechte irgendwie beschneidet. [...] Wenn ein Fürst Souveränitätsrechte auf einen Untertan überträgt, so verwandelt er den Diener in einen Partner. Dadurch aber hört er auf, souverän zu sein. [...] Wie der große souveräne Gott nicht einen zweiten ihm ähnlichen Gott schaffen kann, da er unendlich ist und erwiesenermaßen nicht zwei unendliche Dinge nebeneinander existieren können, so können wir sagen, daß der Fürst, den wir als das Abbild Gottes bezeichnet haben, niemals einen Untertanen für ebenbürtig erklären kann, ohne nicht gleichzeitig seine Macht zu zerstören.
Wenn das so ist, folgt daraus, daß das Recht der Jurisdiktion nicht ein ausschließliches Kennzeichen der Souveränität ist, da Fürst und Untertan dieses Recht gemeinsam ausüben. Dasselbe gilt für die Ernennung und Entlassung von Amtsträgern, weil dies in die Kompetenz sowohl des Fürsten wie des Untertanen fällt, und zwar nicht nur in bezug auf untergeordnete, sondern auch führende Positionen. [...] Weiterhin gehört es nicht zu den wahren Merkmalen der Souveränität, Belohnungen |216| oder Strafen auszuspre-

chen, da dies Fürst und Magistrat gleichermaßen tun, wenn letzterer seine Befugnisse auch vom Fürsten herleitet. Auch die Beratung über Staatsangelegenheiten ist kein Ausweis für Souveränität. Der damit befaßte Staatsrat ist stets getrennt vom Inhaber der Souveränität. [...] Aus alldem folgt, daß keiner der drei von Aristoteles angeführten Punkte die wirklichen Merkmale der Souveränität ausmacht. Auch was Dionysios von Halikarnass anführt [...], reicht nicht aus, die Attribute der Souveränität plausibel zu machen. Wie gesagt, ist die Ernennung von Amtsträgern kein Ausweis für Souveränität. Ähnliches gilt für den Bereich der Gesetze, die der Magistrat innerhalb seiner Jurisdiktion erlassen kann, immer vorausgesetzt, er kollidiert nicht mit den Edikten und Ordonnanzen seines souveränen Fürsten.

Um diesen Punkt zu erhellen, bedarf es einer Erläuterung des Begriffs Gesetz. Er beinhaltet die Befehlsgewalt dessen oder derer, die alle Macht über die anderen haben. [...] Gesetz bedeutet die Befehlsgewalt des Souveräns, die alle Untertanen und allgemeine Angelegenheiten einschließt. [...]

|221| Das hervorragendste Merkmal der fürstlichen Souveränität besteht in der Machtvollkommenheit, Gesetze für alle und für jeden einzelnen zu erlassen, und zwar, wie ergänzend hinzuzufügen ist, ohne daß irgendjemand – sei er nun höhergestellt, ebenbürtig oder von niederem Rang – zustimmen müßte. Wenn nämlich der Fürst nur mit Zustimmung eines über ihm Stehenden Gesetze erlassen kann, so ist er selbst Untertan; wenn es nur in Übereinstimmung mit einem ihm Ebenbürtigen geschehen kann, so teilt der Fürst seine Befugnisse mit jemandem; wenn die Gesetzgebung an die Zustimmung der Untertanen (des Senats oder des Volkes) gebunden ist, so ist der Fürst nicht souverän. Die Namen der Großen eines Landes, die man bei Gesetzestexten angefügt findet, bewirken nicht die Gesetzeskraft. Vielmehr bezeugen sie den Vorgang und verleihen ihm Nachdruck, so daß das Gesetz eher akzeptiert wird.

Wenn ich sage, daß das erste Merkmal der Souveränität darin besteht, Gesetze zu erlassen für alle oder einzelne, so ist mit den letzten Worten die Erteilung von Privilegien gemeint. Ein Privileg ist ein Gesetz, das nur für einen oder einige wenige gemacht ist. [...]
|222| Es mag nun eingewandt werden, daß nicht nur die Magistrate ihrer Macht und Kompetenz entsprechend Gesetze erlassen können, sondern auch einzelne Bürger in der Form des Gewohnheitsrechts Recht setzen können. Gewohnheitsrecht und positive Gesetze sind in gleicher Weise zu beachten. Wie der Fürst Gesetze erläßt, so liegt der Ursprung des Gewohnheitsrechts bei den einzelnen. Darauf antworte ich folgendermaßen: während Gewohnheitsrecht nach und nach über Jahre hinweg durch allgemeinen Konsens entsteht, entspringt das Gesetz dem Augenblick und leitet seine Autorität von dem her, der die Befehlsgewalt über alle hat. Gewohnheitsrecht breitet sich ohne Gewalt aus. Ein Gesetz wird kraft Autorität verkündet und auferlegt und dies oft genug gegen den Willen der Untertanen. [...] Gesetz kann Gewohnheitsrecht brechen, dieses aber kann nicht widergesetzlich sein noch hat der Magistrat bei der Durchführung des Gesetzes einen Ermessensspielraum wie beim Gewohnheitsrecht. Im Gegensatz zum Gewohnheitsrecht enthält ein Gesetz Strafbestimmungen. Kurz: Gewohnheitsrecht ist in seiner Wirksamkeit abhängig vom souveränen Fürsten, so daß positive Gesetze wie Gewohnheitsrecht durch ihn Autorität erfahren. [...]
|223| Diese Gewalt, Gesetze zu machen oder aufzuheben, umfaßt zugleich alle anderen Rechte und Kennzeichen der Souveränität, so daß es streng genommen nur dieses eine Merkmal der Souveränität gibt. Alle anderen Souveränitätsrechte sind darunter subsumierbar: die Entscheidung über Krieg und Frieden, das Recht der letzten Instanz, das Ernennungs- und Absetzungsrecht für die obersten Beamten, das Besteuerungsrecht, das Begnadigungsrecht, das Münzrecht und die Festsetzung des Geldwerts, das Recht auf Treueide der Untertanen und Vasallen. |224| Dies sind die

wahren Kennzeichen der Souveränität, die zusammengefaßt sind in der Gesetzgebungsgewalt gegenüber allen Untertanen insgesamt und einzelnen von ihnen. Diese Gewalt ist nur von Gott empfangen. Ein Fürst oder Herzog, der die Gesetzgebungsgewalt besitzt, ist gleichwohl nicht souverän, wenn er einem Höheren oder ihm Gleichgestellten unterworfen ist.[28] [. . .]

Da aber Gesetz ein zu allgemeiner Begriff ist, erweist es sich als notwendig, auch die anderen Souveränitätsrechte genauer zu bestimmen. So zum Beispiel das Recht, über Krieg und Frieden zu entscheiden. Dies ist eines der bedeutendsten Souveränitätsrechte, da es Untergang oder Sicherung des Staates nach sich zieht. [. . .] |228| Das dritte Merkmal der Souveränität ist das Recht, die obersten Amtsträger zu ernennen. [. . .] Es ist auf die obersten Amtsträger beschränkt, denn es gibt keinen Staat, wo es diesen nicht erlaubt wäre, untergeordnete Amtsträger selbst zu bestimmen. |229| Sie tun dies kraft ihres Amtes, das ihnen das Delegationsrecht verleiht. [. . .] Diese Vollmacht ist auf sie durch den souveränen Fürsten übertragen. [. . .] |231| Das vierte Kennzeichen der Souveränität, das immer zu den zentralen Souveränitätsrechten gehörte, besteht darin, oberste Instanz zu sein. [. . .] |234| Selbst wenn der Souverän nach dem Vorbild von Caligula ein Gesetz erläßt, das den Appellationsweg verbietet, so kann es den Untertanen nicht verwehrt werden, sich direkt an den Fürsten zu wenden. Denn dieser kann sich nicht selbst die Hände binden noch seinen Untertanen die Möglichkeit der Restitution und das Mittel der Petition nehmen. [. . .] Allerdings ist er völlig frei, positiv oder negativ zu reagieren. [. . .] |236| Damit ist das fünfte Kennzeichen der Souveränität gekoppelt, nämlich das Recht, verurteilte Personen zu begnadigen. [. . .] Es

28. Die lateinische Fassung konkretisiert, was gemeint ist: »Dux igitur qui subditis quidem omnibus legem dat, ab Imperatore tamen aut pontifice, aut a Rege legem accipit, aut eiusdem Imperii socium habet, summo imperio vacat.« (S. 243.)

steht nicht in der Macht der Amtsträger, dies zu tun und ein von ihnen ergangenes Urteil zu revidieren. [...]
|242| Sechstens ist als wesentliches Attribut der Souveränität das Recht auf Treue und Gefolgschaft zu nennen, das ausnahmslos dem Souverän zukommt. Was siebtens das Münzrecht betrifft, so ist es bereits im Gesetzgebungsrecht enthalten. Nur wer die Macht hat, Gesetze zu erlassen, kann Währungsfragen entscheiden. [...] Wie ich an anderer Stelle[29] bereits gesagt habe, ist für den Staat neben der Gesetzgebung nichts von größerer Bedeutung als der Goldgehalt und die Parität der Währung. In jedem wohlgeordneten Staat hat darüber nur der souveräne Fürst die Entscheidungsgewalt. [...] |244| Wenn das Münzrecht beim Souverän liegt, so bestimmt er – achtens – auch die Maße und Gewichte. [...] Was neuntens Steuern und Zölle und die Befreiung davon betrifft, so fällt auch dies in die Kompetenz des Souveräns, Gesetze zu verkünden und Privilegien zu gewähren. [...]
|250| Verschiedene kleinere Prärogativen, die die einzelnen souveränen Fürsten in ihren Ländern beanspruchen, werden hier nicht erörtert. Sie sind keine spezifischen Merkmale der Souveränität, wie sie allen souveränen Fürsten im Unterschied zu Herren, Richtern, Amtsträgern und Untertanen eigen sind, einen unverzichtbaren und unveräußerlichen Bestandteil der Souveränität darstellen und niemals hinfällig werden können. Was immer der souveräne Fürst an Schenkungen von Ländern oder Herrschaften macht, stets bleiben die Rechte der Krone vorbehalten. [...] Da das Staatsgebiet nicht durch Verjährung erworben werden kann, wie sollte man die Rechte und Kennzeichen der Souveränität erwerben können? Es ist unumstößlich und gesetzlich festgelegt, daß die Krondomäne unveräußerlich ist. [...]

29. Bodin verweist hier auf seine Schrift »La response au paradoxe de monsieur de Malestroit«, 1568, wo das Problem des Geldwerts und der Inflation behandelt wird.

|251| Damit sind die Hauptprobleme der souveränen Herrschaft so kurz wie möglich behandelt, nachdem dieser Gegenstand bereits in meinem Buch *De Imperio*[30] ausführlicher dargestellt worden ist. Und da die Gestalt eines Staats von denen abhängt, die die Souveränität innehaben, so wollen wir uns im folgenden mit den Staatsformen befassen.

30. Das Manuskript ist nicht erhalten.

# Buch II

## *1. Kapitel*
## *Über die Staatsformen*

Da wir nun den Begriff der Souveränität mit all ihren Rechten und Merkmalen geklärt haben, müssen wir uns jetzt der Frage zuwenden, wer die Souveränität innehat, um beurteilen zu können, um welche Staatsform es sich handelt. Wenn die Souveränität bei einem Fürsten allein liegt, so sprechen wir von einer Monarchie; hat das ganze Volk an ihr teil, nennen wir diesen Staat eine Demokratie; verfügt nur ein Teil des Volkes darüber, wird der Staat als Aristokratie bezeichnet.

|252| Wir benutzen diese Begriffe, um die Verwirrung und Unklarheiten zu vermeiden, die aus der Vielzahl der guten und schlechten Regierungen herrühren. Verschiedentlich führte das dazu, mehr als drei Staatsformen zu unterscheiden. Aber wenn diese Meinung sich durchsetzte und man die Staatsformen aufgrund ihrer jeweiligen individuellen Tugenden und Fehler bestimmen würde, so fände man eine sehr große Zahl von Staatsformen. Um nun eine gesicherte Definition erreichen zu können, darf man sich nicht bei den unzähligen Äußerlichkeiten aufhalten, sondern muß sich auf die wesentlichen Unterscheidungsmerkmale konzentrieren. Sonst könnte man sich in einem endlosen Labyrinth verfangen, was nichts mit wissenschaftlichem Vorgehen zu tun hätte. Man könnte sich verschiedene Staaten denken nicht nur hinsichtlich unterschiedlicher Tugendgrade, sondern auch anderer unwesentlicher Merkmale. Ein König könnte gewählt werden aufgrund seiner Kraft, seiner Schönheit, seiner Größe, seiner Abkunft oder seines Vermögens. Oder weil er vielleicht der Kriegerischste, der Friedlichste, der Weiseste, der Gerechteste, der Pompöseste, der Gelehrteste, der Zurückhaltendste, der Bescheidenste,

der Einfachste, der Sittsamste ist. Dies alles sind Nebensächlichkeiten. Wählt man die Eigenschaften der Herrscher als Maßstab, ergibt sich eine unendliche Zahl von monarchischen Staatsformen. Dasselbe gilt für die Staatsform der Aristokratie. [...]
Da die Substanz einer Sache von ihren Einzelmerkmalen nicht berührt wird, stellen wir fest, daß es nur drei Staatsformen gibt, und zwar Monarchie, Aristokratie und Demokratie. Es handelt sich um eine Monarchie, wenn, wie wir gesagt haben, ein einziger die Souveränität besitzt; um eine Demokratie, wenn das ganze Volk oder seine Mehrheit als Körperschaft die Souveränität innehat; um eine Aristokratie, wenn eine Minderheit als Körperschaft souverän ist und dem Rest des Volkes Gesetze auferlegt. [...]
Alle Autoren sagen übereinstimmend, es gebe mindestens drei Staatsformen. Einige haben eine vierte Staatsform hinzugefügt, die sich aus den drei erwähnten zusammensetzt. |253| Plato spricht von einer vierten Staatsform, wo die Besten die Souveränität innehaben. Genaugenommen entspricht dies jedoch nur der reinen Form der Aristokratie. Plato akzeptierte allerdings keine aus allen drei Formen gemischte Staatsform. Aristoteles übernahm Platos Staatsformen und anerkannte darüber hinaus die Mischform aus den drei zuerst genannten Formen. Polybios unterscheidet sieben Staatsformen: drei gute (aus deren Vermischung eine weitere gebildet werden kann) und drei schlechte. Dionysios von Halikarnass ließ neben den drei reinen Staatsformen noch eine vierte zu, die aus diesen zusammengesetzt war. Cicero und im Anschluß an ihn Sir Thomas More, Contarini[1], Machiavelli und viele andere waren ebenfalls dieser Meinung, die über eine lange Tradition verfügt [...] und bis auf Herodot zurückgeht. Viele halten, so sagt er, die gemischte Staatsform für die beste. Nach seiner Auffassung gibt es aber nur drei Staatsformen, während er die anderen für unvollkommen hielt.

1. Kardinal Gasparo Contarini: De magistratibus et republica Venetorum, Paris 1543.

Würde mich nicht die Vernunft zwingen, das Gegenteil anzunehmen, wäre ich vielleicht durch die Autorität solch großer Namen überzeugt. Es gilt nun, anhand ihrer eigenen Beispiele die begangenen Irrtümer zu widerlegen. Es heißt, die Staaten der Lakedämonier, der Römer und der Venetianer seien aus monarchischen, aristokratischen und demokratischen Herrschaftselementen harmonisch zusammengesetzt gewesen. Als Plato sagte, die beste Staatsform sei aus Demokratie und Monarchie zusammengesetzt, wurde dies von seinem Schüler Aristoteles wieder aufgehoben: es sei zweckmäßiger, die drei Staatsformen zu einer neuen Form zusammenzufügen. Damit argumentierte Aristoteles gegen sich selbst. Denn wenn die Mischung von zwei Staatsformen schlecht ist, um wieviel schlechter ist dann erst die Mischung aus drei Staatsformen. [...]
|254| Wenn man Monarchie, Aristokratie und Demokratie vermengt, resultiert daraus eine Demokratie, es sei denn, man gibt die Souveränität für einen Tag dem Monarchen, für den folgenden den in der Aristokratie Herrschenden und danach dem Volk, so daß alle drei der Reihe nach die Souveränität innehaben. [...] Es ist unmöglich und unvorstellbar, eine Monarchie mit einer Demokratie oder Aristokratie zu vermischen. Denn wenn die Souveränität unteilbar ist, wie wir gezeigt haben: wie kann man sie dann gleichzeitig auf den Monarchen, die Nobilität und das Volk verteilen? Das Hauptmerkmal der Souveränität ist |255| die gesetzgebende Gewalt. Wer sollen die Untertanen sein, die zu gehorchen haben, wenn sie auch die Gewalt haben, Gesetze zu machen? Wer ist der Gesetzgeber, wenn er selbst gezwungen ist, das Gesetz von denen entgegenzunehmen, denen er es auferlegt? Daraus folgt notwendigerweise, daß es sich um eine Demokratie handelt, wenn das Gesetzgebungsrecht nicht bei einer bestimmten Instanz, sondern bei allen liegt. [...]
Um meine Auffassung zu bestärken, wollen wir die Beispiele benutzen, die Polybios, Contarini und |258| andere anführen. [...] Als Beispiel einer gemischten Verfassung

wird der römische Staat angegeben. Polybios erblickte die königliche Gewalt in den Konsuln, die aristokratischen Elemente im Senat und die demokratische Komponente in den Volksversammlungen. Dionysios von Halikarnass, Cicero, Contarini und andere sind dieser unzutreffenden Meinung gefolgt. Denn die monarchische Gewalt kann nicht in zwei Personen gleichzeitig liegen. Monarchie bedeutet Herrschaft eines einzelnen, der keinen Partner neben sich duldet. Anderenfalls handelt es sich nicht um eine Monarchie. Mit mehr Recht könnte man den Dogen von Genua oder Venedig als Monarchen bezeichnen. Welche königliche Machtvollkommenheit aber kann den Konsuln zugeschrieben werden, die nicht die Macht haben, Gesetze zu erlassen, Krieg und Frieden zu erklären, Amtsträger einzusetzen, Begnadigungen auszusprechen, etwas vom Staatsschatz auszugeben, einen Bürger zu körperlicher Züchtigung zu verurteilen, es sei denn, es herrscht Kriegszustand. Jeder militärische Führer hat diese Macht, so daß auch er König genannt werden müßte, und zwar mit größerer Berechtigung als die Konsuln, die über ihre Macht nur zur Hälfte und nur für ein Jahr verfügen. [. . .]

|259| Was den Senat betrifft, dessen Machtausübung der aristokratischen Form entsprochen haben soll, so verfügt jeder beliebige Staatsrat über größere Macht. [. . .] |260| Es ist offenkundig, daß der Senat nur durch die Tribunen und das Volk irgendwelche Macht hatte. [. . .] Alle Amtshandlungen des Senats waren nur gültig, wenn das Volk sie bestätigte oder der Volkstribun ihnen zustimmte. [. . .] Alle Autorität des Senats hing vom Volk ab. [. . .]

|262| Man hat behauptet, Frankreich sei eine Zusammensetzung aus den drei Staatsformen. Das Parlament von Paris sei von aristokratischer Gestalt, die drei Stände verkörperten die Demokratie, und der König stelle den monarchischen Faktor dar. |263| Diese Auffassung ist nicht nur absurd, sondern bedeutet zugleich Hochverrat. Denn es ist Hochverrat, die Untertanen mit dem souveränen Fürsten auf eine Stufe zu stellen. [. . .]

## 2. Kapitel

## Über die despotische Monarchie

|272| [...] Die Monarchien werden eingeteilt in despotisch, legitim und tyrannisch regierte Staaten. Dies bedeutet keinen Unterschied in der Staatsform der Monarchie, sondern in ihrer Regierungsform. Denn es gibt sehr wohl einen Unterschied zwischen Staatsform und Regierungsweise – eine regelmäßig festzustellende Erscheinung in der Politik, die gleichwohl noch niemand behandelt hat. Ein Staat kann eine Monarchie sein und dennoch demokratisch regiert werden, wenn der Fürst an öffentlichen Ämtern und Ehrungen gleichermaßen alle ohne Ansehen des Adels, des Reichtums oder der Tüchtigkeit teilhaben läßt. Eine Monarchie kann aber auch aristokratisch regiert werden, wenn der Fürst Ämter und Pfründen nur an die Adligen, die Tüchtigsten oder die Reichsten vergibt. Oder eine aristokratische Herrschaft kann ihren Staat demokratisch regieren, indem sie Ehrungen und Belohnungen gleichmäßig an alle Untertanen verteilt; oder aristokratisch, wenn nur die Adligen oder Reichen sie erhalten. Diese Vielzahl an Regierungsformen hat diejenigen in die Irre geführt, die die Staaten vermischt |273| haben, ohne den Unterschied zwischen der Staatsform einerseits und der Regierung und Verwaltung andererseits zu beachten.

Um eine legitime Monarchie[2] handelt es sich, wenn die Untertanen den Gesetzen des Monarchen gehorchen und der Monarch seinerseits den Naturgesetzen folgt; wenn die natürliche Freiheit und das Recht auf Eigentum gewahrt sind. Eine despotische Monarchie[3] ist die, wenn der Fürst durch das Eroberungsrecht in einem gerechten Krieg zum Herrn geworden ist über Güter und Personen, indem er seine Untertanen regiert wie das Familienoberhaupt seine

2. Monarchie royale ou legitime. In der lateinischen Fassung: monarchia regalis.
3. Monarchie seigneuriale. In der lateinischen Fassung: Dominatus.

Sklaven. Von einer tyrannischen Monarchie sprechen wir, wenn der Monarch die Naturgesetze mißachtet, freie Untertanen wie Sklaven mißbraucht und das Eigentum der Untertanen als das seine ansieht. Derselbe Unterschied findet sich in der aristokratischen und demokratischen Staatsform, denn beide können in der beschriebenen Weise legitim, despotisch oder tyrannisch sein. [...]
Die despotische Monarchie ist die älteste Form der Monarchie. [...] |274| Sie darf nicht mit der Tyrannis gleichgesetzt werden. Denn es ist durchaus in Ordnung, wenn ein souveräner Fürst, der seine Feinde in einem gerechten Krieg besiegt hat, sich kraft Kriegsrecht als Herr über Güter und Personen betrachtet und seine Untertanen wie Sklaven regiert. Dies entspricht der Herrschaft des Familienoberhaupts über seine Sklaven und deren Eigentum, worüber er gemäß der international geltenden Auffassung nach Gutdünken verfügen kann. Ein Fürst jedoch, der durch einen ungerechten Krieg oder andere Mittel freie Menschen zu seinen Sklaven macht und sich ihres Eigentums bemächtigt, ist kein despotischer Monarch, sondern ein Tyrann. [...]

## 3. Kapitel
## Über die legitime Monarchie

|279| Ein legitimer Monarch ist derjenige, welcher die Naturgesetze in einer Weise befolgt, wie er dies von den Untertanen in bezug auf seine eigenen Gesetze wünscht. Der legitime Fürst gewährt den Untertanen die natürliche Freiheit und den Besitz von Privateigentum. Diese letzten Bestimmungen füge ich hinzu, um den Unterschied zum despotischen Monarchen klarzumachen, der ein gerechter Fürst und Herrscher seiner Untertanen sein kann und dennoch Herr über ihre Person und ihren Besitz ist. Wenn ein despotischer Herrscher, der in einem gerechten Krieg das

Land seiner Feinde erobert hat, diesen ihre Freiheit und das Verfügungsrecht über ihren Besitz zurückgibt, so wird er ein wahrer König. Die despotische verwandelt sich in eine legitime Monarchie. [...]
Die Untertanen schulden dem legitimen Monarchen Gehorsam, |280| um zu verdeutlichen, daß in ihm allein die souveräne Majestät verankert ist. Andererseits muß der König den Naturgesetzen folgen. Das bedeutet: in Übereinstimmung mit den Prinzipien der natürlichen Gerechtigkeit die Untertanen regieren und ihre Handlungen lenken. [...]
Das wahre Kennzeichen einer legitimen Monarchie besteht also darin, daß der Fürst sich den Naturgesetzen fügt, wie er von seinen Untertanen Gehorsam gegenüber seiner Person fordert. Das heißt konkret, daß er Gott über alles fürchtet, mitfühlend mit den Leidenden ist, in allen Unternehmungen klug abwägt, sich kühn in der Tat erweist, maßvoll im Glück und standhaft im Unglück ist, sein Wort hält, weisen Rat erteilt, sich um die Untertanen sorgt, seinen Freunden hilfreich und den Feinden schrecklich erscheint, den Guten höflich begegnet und die Bösen züchtigt und gerecht gegen jedermann ist. Wenn die Untertanen den Gesetzen des Königs gehorchen und dieser gemäß den Naturgesetzen handelt, herrscht das Recht, und es entwickelt sich allseitige Harmonie sowohl zwischen den Untertanen wie zwischen ihnen und dem König. [...]

## *4. Kapitel*

## *Über die tyrannische Monarchie*

|287| Wir sprechen von einer tyrannischen Monarchie, wenn der Monarch die Naturgesetze mit Füßen tritt, seine freien Untertanen versklavt und fremdes Eigentum als das seine betrachtet. [...]
|289| Unter einem guten und gerechten König verstehe ich

nicht einen, der mit allen Tugenden versehen ist oder ein Muster an Weisheit, Gerechtigkeit und Frömmigkeit und ohne Tadel und Laster ist. Denn diese Vollendung findet sich selten. Sondern ich nenne den einen gerechten und guten König, der ständig nach diesem Ziel strebt und der bereit ist, alles in den Dienst seines Volkes zu stellen. [...] Der Hauptunterschied zwischen einem König und einem Tyrannen besteht darin, daß sich der König in Übereinstimmung mit den Naturgesetzen befindet, während der Tyrann sie mit Füßen tritt. Der eine wird geleitet von Frömmigkeit, Gerechtigkeit und Glauben, der andere kennt weder Gott noch Glauben noch Gesetz. Der eine tut alles für das Wohl seiner Untertanen, der andere arbeitet nur für seinen eigenen Vorteil, seine Rache oder sein Vergnügen. |290| Der eine versucht mit allen Mitteln zur Bereicherung seiner Untertanen beizutragen, der andere profitiert von ihrem Ruin. Der eine bestraft das an der Öffentlichkeit begangene Unrecht und verzeiht das an ihm selbst begangene, der andere rächt grausam das an ihm verübte Vergehen und verzeiht das an Fremden verübte Unrecht. Der eine tritt für die Ehre der züchtigen Frauen ein, der andere brüstet sich mit ihrer Schande. Der eine läßt sich Kritik gefallen, wenn er Fehler gemacht hat, dem anderen mißfällt nichts so sehr wie ein ernsthafter, freier und tugendhafter Mensch. Der eine bemüht sich um Frieden und Eintracht zwischen seinen Untertanen, der andere spielt sie um seines Vorteils willen untereinander aus. Der eine zeigt sich gern seinen Untertanen, der andere verbirgt sich vor ihnen wie vor Feinden. Der eine gründet den Staat auf die Liebe des Volkes, der andere auf die Furcht. Der eine kennt nur die Sorge um die Untertanen, der andere fürchtet sich vor ihnen. Der eine belastet seine Untertanen nur minimal und nur im Interesse der Allgemeinheit, der andere ist ein Blutsauger und bringt sie um das Letzte. Der eine setzt die Besten in öffentliche Ämter ein, der andere beschäftigt nur Diebe und andere Verbrecher, um das Volk auszusaugen. Der eine vergibt Ämter in der Absicht, Unterschlagungen zu verhindern, der andere verkauft sie dem Meistbietenden, um das Volk ausbeuten zu lassen und danach die Diebe zu bestrafen und als guter Richter zu erscheinen. Dem einen sind die Gesetze Maßstab für sein Tun, der andere paßt die Gesetze seinem Tun an. Der eine wird von seinen Untertanen geliebt und verehrt, der andere haßt sie alle und wird von allen gehaßt. Der eine beansprucht im Kriegsfall nur die Dienste der Untertanen, der andere führt Krieg nur gegen die Untertanen selbst. Der eine unterhält Garnisonen nur mit eigenen Untertanen, der andere nur mit Fremden. Der eine lebt in Ruhe und Frieden, der andere in ständiger Furcht. Den einen erwartet ewige Glückseligkeit, den anderen ewige Verdammnis. Der eine wird zu Lebzeiten geehrt und nach seinem Tod betrauert, der andere wird verwünscht und nach seinem Tod verflucht. [...]

|294| Die Unterschiede zwischen einem vollendet gerechten König und einem extrem bösartigen Tyrannen sind leicht zu erkennen. Doch es ist nicht immer leicht zu entscheiden, ob die Handlung eines Fürsten tyrannisch ist oder nicht. Denn die Umstände zwingen die Fürsten oft, etwas zu tun, was den einen tyrannisch und den anderen lobenswert erscheint. [...]

|295| Diejenigen erliegen einem Irrtum, die nicht aufhören, den Fürsten zu loben und zu verherrlichen, der mild, freundlich, höflich und arglos ist. Denn Arglosigkeit ohne Klugheit ist gefährlich und verderblich für einen König und mehr zu fürchten als die Grausamkeit eines strengen, unfreundlichen, geizigen und unnahbaren Fürsten. Nicht ohne Grund ist der Satz geprägt worden: ein böser Mensch ist ein guter König. Dies mag den befremden, der nicht abzuwägen versteht. Langmut und Arglosigkeit eines allzu guten Fürsten lassen Schmeichler, Geschäftemacher und andere Übeltäter in Staatsämter und Pfründen gelangen. Dadurch werden die Staatsfinanzen ruiniert. Das arme Volk wird bis auf die Knochen ausgebeutet und grausam versklavt. Statt eines gibt es dann zehntausend Tyrannen. Bei zu großer Güte des Königs erlangen Übeltäter, Mörder und

Betrüger Straffreiheit. |296| Denn ein allzu guter und liberaler König könnte kein Gnadengesuch zurückweisen. Unter einem solchen Fürsten wird das öffentliche Wohl Einzelinteressen geopfert, und die ganze Last wird den sozial Schwachen aufgebürdet. [...]
Viele Beispiele aus der griechischen und römischen Geschichte könnten dazu angeführt werden. Aber man muß gar nicht außerhalb von Frankreich suchen, das in seinem schlechtesten Zustand war, als Karl der Einfältige[4] und Karl der Nichtstuer[5] regierten, und das in allen Belangen entsprechend groß und reich am Ende der Regierungszeit Franz' I.[6] war, als dieser unnahbar wurde und niemand es wagte, etwas von ihm zu erbitten. Als Folge davon erhielten nur ehrenwerte Männer Länder, Ämter und Pfründen. [...] |297| Ein Fürst ist noch kein Tyrann, wenn er streng oder unerbittlich ist. Vorausgesetzt, er handelt den Gesetzen Gottes und der Natur nicht zuwider.
Überlegen wir jetzt, ob es erlaubt ist, gegen einen Tyrannen ein Attentat auszuführen.

## *5. Kapitel*

## *Ob die Ermordung von Tyrannen und die Annullierung ihrer Gesetze nach ihrem Tod erlaubt sind*

|297| Der Mißbrauch des Begriffs Tyrann hat viele Leute in die Irre geführt und verschiedenste Unzuträglichkeiten zur Folge gehabt. Wir haben festgestellt: ein Tyrann ist derjenige, der sich aus eigener Machtvollkommenheit ohne Wahl, Erbfolgerecht, Los, gerechten Krieg oder göttliche Berufung zum souveränen Fürsten macht. |298| Nach der herrschenden Meinung und den Gesetzen des Altertums war

4. Karl III., 893–929.
5. Unklar, wen Bodin hier meint.
6. 1515–47.

ein solcher Tyrann dem Tode verfallen. Den Tyrannenmördern waren Belohnungen in Form von Rangerhöhungen, Standbildern und Geschenken in Aussicht gestellt. Sie galten als Retter des Vaterlands. [...]
|300| Die Kernfrage unseres Problemzusammenhangs lautet, ob ein souveräner Fürst, der durch Wahl, Los, Erbfolge, gerechten Krieg oder göttliche Berufung an die Macht gekommen ist, getötet werden kann, wenn er – was man unter einem Tyrannen versteht – grausam, erpresserisch und grenzenlos böse ist. Viele Juristen und Theologen, die diese Frage behandelten, haben die Berechtigung des Tyrannenmords bejaht. Einige haben die sich ausschließenden Begriffe König und Tyrann vermischt, was den Untergang mächtiger und blühender Monarchien bedeutete.
Vor Beantwortung dieser Frage ist es nötig, zwischen einem Fürsten, der souverän ist, und einem, der dies nicht ist, sowie zwischen Untertanen und Ausländern zu unterscheiden. Denn es ist ein grundlegender Unterschied, ob ein Tyrann von einem ausländischen Fürsten oder von einem Untertan getötet werden kann. [...] |301| Ein tugendhafter Fürst kann gegen einen Tyrannen mit Gewalt, List oder mit Rechtsmitteln vorgehen. Wenn dieser Fürst den Tyrannen in seine Gewalt gebracht hat, so gereicht es ihm mehr zur Ehre, wenn dem Tyrannen der Prozeß gemacht wird und er als Mörder oder Dieb bestraft wird, als wenn unter Beobachtung des Völkerrechts gegen ihn mit Waffengewalt vorgegangen wird.
Wenn es sich jedoch um das Verhältnis der Untertanen zum Tyrannen handelt, so ist zwischen einem souveränen und einem nichtsouveränen Fürsten zu unterscheiden. Wenn er nicht völlig souverän ist, so liegt die Souveränität beim Volk oder bei wenigen Herrschenden. In diesem Fall ist es erlaubt, gegen den Tyrannen auf gerichtlichem Weg oder gegebenenfalls mit dem Mittel der Gewalt vorzugehen.[7]
[...] |302| Wenn der Fürst aber souverän ist wie im Fall

7. Bodin nennt im folgenden u. a. das antike Rom, Venedig und das deutsche Reich als Beispiele.

der wirklichen Könige von Frankreich, Spanien, England, Schottland, Äthiopien, Persien, der Türkei und des Moskauer Staats, deren Herrschaftsgewalt nicht in Zweifel gezogen und deren Souveränität nicht mit den Untertanen geteilt wird, dann ist es unter keinen Umständen weder dem einzelnen Untertan noch der Gesamtheit der Untertanen erlaubt, irgend etwas auf irgendeine Weise gegen Ansehen oder Leben des Königs zu unternehmen, selbst wenn er Grausamkeiten aller Art begangen hat. Denn der Untertan kann gegenüber seinem Fürsten nicht den Rechtsweg einschlagen, weil alle Macht und Befehlsgewalt vom Fürsten ausgehen. Der Fürst kann nicht nur die Vollmacht der Magistrate widerrufen. Schon seine bloße Anwesenheit beendet jegliche anderen übertragene Jurisdiktionsgewalt. Wenn es dem Untertan nicht erlaubt ist, über seinen Fürsten zu Gericht zu sitzen, |303| wie könnte er dann mit Gewalt gegen ihn vorgehen? Es ist hier nicht die Frage, wer über die stärkeren Mittel verfügt, sondern allein, ob es rechtmäßig ist und ob der Untertan die Vollmacht besitzt, seinen souveränen Fürsten zu verurteilen. Des Hochverrats macht sich nicht nur der Untertan schuldig, der einen souveränen Fürsten getötet hat, sondern auch derjenige, welcher es nur versucht oder dazu geraten hat, es gewünscht oder nur erwogen hat. [...]

|306| Ich kann kein besseres Beispiel heranziehen als die Beziehung zwischen Vater und Sohn. Das göttliche Gebot verkündet, daß, wer Vater oder Mutter schmäht, zum Tod verurteilt werden soll. Wenn der Vater ein Mörder, Dieb oder Landesverräter ist, wenn er Blutschande und Verwandtenmord begeht, wenn er ein Gotteslästerer und Atheist ist, so daß alle Strafen zu seiner Bestrafung nicht ausreichten, so ist es gleichwohl nicht die Sache des Sohnes, gegen den Vater die Hand zu erheben. [...] |307| Noch heiliger und unverletzlicher als der Vater ist der Fürst, da er von Gott eingesetzt und gesandt ist. Darum sage ich, daß der Untertan niemals etwas gegen seinen souveränen Fürsten unternehmen darf, so böse und grausam er als Tyrann

auch sein mag. Jedoch ist es erlaubt, den Gehorsam in einer gegen das Gesetz Gottes oder der Natur gerichteten Sache zu verweigern, indem man sich flüchtet, verbirgt oder gar den Tod nicht scheut. Ausgeschlossen aber ist eine gegen Leben oder Ansehen des Königs gerichtete Maßnahme.
Welch große Zahl an Tyrannen gäbe es, wenn es erlaubt wäre, sie zu töten. Wer hohe Steuern erhöbe, würde Tyrann genannt. Wer gegen den Willen des Volkes regierte, wäre, folgt man Aristoteles, ein Tyrann. Wer aus Sicherheitsgründen eine Leibwache unterhielte, wäre ein Tyrann. Wer Staatsfeinde zum Tode verurteilte, wäre ebenfalls ein Tyrann. Welche Sicherheit hätte ein rechtschaffener Fürst noch? Ich will nicht einem Fürsten das Recht streitig machen, mit Waffengewalt gegen einen Tyrannen vorzugehen. Einem Untertan indessen darf dies nicht erlaubt sein. [...]

## *6. Kapitel*

### *Über die Aristokratie*

|314| [...] Liegt die Herrschaft beim kleineren Teil der Bürger – seien es die Adligen, die Tugendhaften, die Reichen, die Militärs, die Armen, die Bürgerlichen oder die Lasterhaften –, so sprechen wir von einer Aristokratie. Wenn ich vom kleineren Teil spreche, so meine ich dessen Mehrheit. Wenn bei 10 000 Bürgern hundert die souveräne Gewalt innehaben und wenn sechzig von ihnen übereinstimmen, so haben diese die Befehlsgewalt sowohl über die 9900 nicht an der Regierung beteiligten Bürger wie über die vierzig, die an der Souveränität teilhaben. |315| Anders gesagt: die sechzig haben dieselbe souveräne Befehlsgewalt wie sie die hundert gehabt hätten, wenn sie einig gewesen wären. [...]
|320| Wir wollen hier auch über die Staatsform Deutsch-

lands sprechen, von dem viele und selbst die besten Deutschlandkenner gesagt haben, es sei eine Monarchie. |321| Es wird im folgenden gezeigt werden, daß es eine Aristokratie ist. Von Karl dem Großen bis zu Heinrich dem Vogler[8] war es eine reine Monarchie mit Erbfolgerecht. Seit Heinrich dem Vogler war es für lange Zeit eine Wahlmonarchie, bis die sieben Kurfürsten nach und nach die Souveränitätsrechte beschnitten und dem Kaiser nur die äußeren Insignien beließen. Tatsächlich liegt die Souveränität bei den sieben Kurfürsten, den rund 300 Fürsten und den Repräsentanten der Freien Reichsstädte.
Unter Aristokratie verstehen wir die Staatsform, wo der kleinere Teil der Bürger über den größeren Teil insgesamt und über jeden einzelnen Bürger herrscht. Ist es so, daß die Reichsstände, die aus 300 bis 400 Mitgliedern bestehen, unter Ausschluß des Kaisers und aller Fürsten und Städte die souveräne Gewalt haben, allen Untertanen des Reiches Gesetze aufzuerlegen, über Krieg und Frieden zu entscheiden, Steuern und Zölle zu erheben und Richter einzusetzen, die über Güter, Ehre und Leben des Kaisers, der Fürsten und der Reichsstädte zu Gericht sitzen? Dies nämlich sind die wahren Merkmale der Souveränität. Wenn dies so ist – und es ist zweifellos so –, wer könnte dann leugnen, daß Deutschland tatsächlich eine Aristokratie ist. [...]

## *7. Kapitel*
## *Über die Demokratie*

|332| Eine Demokratie ist die Staatsform, wo die Mehrheit des Volkes souveräne Gewalt über den Rest der Bevölkerung insgesamt und jeden einzelnen hat. Von zentraler Wichtigkeit ist, daß die Mehrheit nicht nur über den ein-

8. Heinrich I., 919–936.

zelnen Bürger, sondern auch über die Minderheit in ihrer Gesamtheit souveräne Befehlsgewalt hat. Wenn es fünfunddreißig Gruppierungen gibt, wie es in Rom der Fall war, so haben achtzehn gegenüber der Minderheit der siebzehn souveräne Gewalt und erlassen Gesetze.[9] [...]

9. Zu den verschiedenen Staats- und Regierungsformen vgl. auch République IV 1 und VI 4, wo Bodin alle Kriterien wiederholt und seine Argumente zusammenfaßt.

# Buch III

## *4. Kapitel*

## *Über den Gehorsam, den der Magistrat den Gesetzen und dem souveränen Fürsten schuldet*

|409| Da nach dem Souverän die wichtigste Position im Staat vom Magistrat eingenommen wird, den die Inhaber der Souveränität durch Delegation mit der Befehlsgewalt ausstatten, ist es vor der Behandlung weiterer Punkte angemessen, kurz das Problem zu berühren, welchen Gehorsam – seine erste Pflicht – der Magistrat dem souveränen Fürsten schuldet. Folgender Unterschied besteht zwischen Fürst, Magistrat und einzelnem Privatmann. Der Fürst hat niemanden über oder neben sich und sieht alle Untertanen unter seiner Gewalt. Der einzelne Untertan übt keinerlei Befehlsgewalt über einen anderen Untertan aus. Doch der Magistrat vereinigt mehrere Qualitäten in sich. Um seine Aufgabe zu erfüllen, ist es erforderlich, daß er dem Souverän Gehorsam leistet, den über ihm stehenden Magistraten ergeben ist, die mit ihm Gleichberechtigten achtet, den Untertanen gegenüber Anordnungen trifft, die Schwachen verteidigt, gegenüber den Mächtigen Standfestigkeit zeigt und gegenüber jedermann gerecht ist. [. . .]
|410| Die Anordnungen des Fürsten sind mannigfaltiger Art. Es gibt Gesetze von Dauer, die alle Personen betreffen; oder Gesetze für einen begrenzten Personenkreis und eine befristete Zeit; Gesetze, die bestimmte Personen privilegieren; Verordnungen, die Belohnungen oder Strafen beinhalten, Ämter oder Vollmachten gewähren; Verkündigungen von Gesetzen oder Privilegien, von Krieg oder Frieden; Verfügungen über die Aushebung von Truppen oder die Einrichtung von Truppenquartieren; Erhebung von verschiedensten Steuern; Anweisungen für Botschaften aller Art an andere Fürsten; Entscheidungen über den Bau von

Festungen, Brücken, Straßenverbindungen, Häfen, Übergängen; Rechtsgutachten, Rechtsfindungen und Begnadigungen. [...] All diese Schriftstücke können in zwei Gruppen eingeteilt werden, nämlich in königliche Erlasse und Schreiben in Verwaltungs- und Justizsachen.[1] [...] |413| Es bleibt der Entscheidung des Magistrats überlassen, letztere zu befolgen oder nicht. Dies ist anders bei königlichen Erlassen. [...]

|414| Wenn der Befehl des Fürsten nicht gegen das Naturrecht verstößt,[2] muß der Magistrat ihn ausführen, auch dann, wenn er gegen das allen Völkern gemeinsame Recht verstößt. Denn dies kann durch ein Gesetz geändert werden. Vorausgesetzt, dem Gesetz steht nicht natürliches Recht entgegen, das der Fürst nicht ändern kann, und es sich nur um öffentlichen oder privaten Nutzen handelt. Wir sagten zwar, der Fürst solle seinem Volk gegenüber geleistete Eide einhalten, wenn er durch Eid gebunden ist. Und selbst wenn keine Eidverpflichtung besteht, soll der Fürst die Gesetze des Staates achten, wo er souverän ist. Daraus kann man aber nicht folgern, |415| daß der Magistrat den Gehorsam verweigern kann, wenn der Fürst gegen seine Verpflichtungen verstößt. Der Magistrat darf keine Rechtsverletzung seitens des Fürsten konstatieren oder unterbinden, denn dieser ist frei, dem positiven Gesetz zuwiderzuhandeln. Wenn der Magistrat erkennt, daß der Fürst ein gerechtes und nützliches Gesetz aufhebt, um an seine Stelle ein weniger gerechtes und für das Gemeinwohl weniger nützliches Gesetz zu setzen, so kann er das Gesetz oder die Anordnung verzögern. Dies kann er mehrmals tun. Wenn der Fürst dennoch auf der Ausführung besteht, so muß der Magistrat das Gesetz vollstrecken. [...]

1. lettres de commandement, ou lettres de iustice.

2. Davon geht Bodin in jedem Fall aus, da ein gegen das Naturrecht, also gegen seine essentielle Pflicht handelnder Souverän »le tiltre et l'honneur de Prince« (République, S. 414) verliert und als Tyrann zu bezeichnen ist.

|416| Aber, so sagen manche, muß der Magistrat Befehlen Folge leisten, von denen er glaubt, sie verstoßen gegen das Naturrecht, selbst wenn sie objektiv nicht dagegen verstoßen? Denn die natürliche Gerechtigkeit und Vernunft sind nicht immer so eindeutig, daß jeder Zweifel ausgeschlossen wäre. Die berühmtesten Juristen waren darüber kontroverser Auffassung, und die Rechtsnormen der Völker differieren oft derart, daß die einen etwas belohnen, was die anderen bestrafen. Davon sind Bücher, Gesetze und die Geschichte so voll, daß es eine unendlich lange Liste ergibt. |417| Ich antworte nun, daß man, will man dem überlieferten Standpunkt folgen, nie etwas tun soll, dessen Rechtmäßigkeit man bezweifelt. Dies gilt um so mehr, wenn man überzeugt ist, daß ein Befehl des Fürsten gegen das Naturrecht verstößt.[3] Der Magistrat ist jedoch zur Ausführung auch eines von ihm für widerrechtlich gehaltenen Befehls verpflichtet, sofern sich die Anordnung im Rahmen des positiv gesetzten Rechts bewegt. Darum läßt man in jedem Staat die Magistrate schwören, Gesetze und Verordnungen zu befolgen.

|418| Sollte ein Magistrat sein Amt eher aufgeben als einen Befehl ausführen, den er – möglicherweise gegen die Meinung der Mehrheit – nicht für rechtens hält und als widernatürlich ansieht? Die richtige Einsicht, so könnte argumentiert werden, entspringt nur einem klaren Verstand, über den nur eine Minderheit kluger Köpfe verfügt. Dagegen führe ich an, daß dem Magistrat ein Rücktritt von seinem Amt gegen den Willen des Fürsten nicht erlaubt sein kann. Er hat den Weisungen des Fürsten nachzukommen, wenn – im Falle eines Zweifels über die Rechtmäßigkeit – die Mehrheit der zuständigen Magistrate sie für rechtmäßig hält. |419| Andernfalls entstünde ein gefährlicher Präzedenzfall. Alle Untertanen sähen die Möglichkeit eröffnet, Gesetze des Fürsten in Frage zu stellen und zurückzuwei-

3. Bodin zeigt keine Lösung des Konflikts, der aus der Weigerung entsteht, Befehle gegen das Naturrecht nicht auszuführen.

sen. Jeder Amtsträger könnte unter dem Vorwand des Rechts den Staat im Augenblick der Gefahr im Stich lassen und ihn wie ein Schiff ohne Steuermann dem Sturm aussetzen. [...]

## *5. Kapitel*

## *Von der Macht der Magistrate über die einzelnen*

|429| Ein Magistrat ist ein Amtsträger mit öffentlicher Befehlsgewalt. Er zwingt diejenigen, die seinen Anordnungen nicht Folge leisten wollen oder seinen Verboten zuwiderhandeln, zur Befolgung der Gesetze. Er vermag auch Verbotsbestimmungen zu lockern. Wenn wir sagen, daß die Wirkung der Gesetze in der Tatsache liegt, daß sie anordnen, verbieten, erlauben oder bestrafen, so beruht diese Wirkung auf der Tätigkeit der Magistrate und nicht auf dem Gesetz selbst, das stumm ist. Der Magistrat erfüllt das Gesetz mit Leben und bewirkt alles. Befehle und Verbote wären irreal, wenn ihnen nicht Strafbestimmungen und die Tätigkeit der Magistrate zugrunde lägen.

Ein Gesetz enthält genaugenommen nichts als Verbote und Strafbestimmungen, denn eine Anordnung enthält gleichzeitig immer das Verbot, ihr zuwiderzuhandeln. Gesetz bedeutet nicht Erlaubnis, denn Erlaubnis hebt Verbote auf und kennt keine Strafandrohung. Ohne Strafandrohung aber ist kein Gesetz denkbar, |430| das nichts anderes als den Befehl des Souveräns bedeutet, wie wir gesehen haben. Doch welche Strafbestimmungen und Strafandrohungen immer mit einem Gesetz verbunden sein mögen, nach einem Gesetzesbruch werden sie allein durch den Mund des Magistrats realisiert. Die Gewalt der Gesetze hängt von denen ab, die die Befehlsgewalt haben, sei es der souveräne Fürst, sei es der Magistrat. Sie können die Untertanen zum Gehorsam zwingen oder sie bestrafen. Auf diese Weise gelangen die gesetzlichen Anordnungen zur Ausführung, die Demosthenes die Nerven des Staates nannte.

Ich spreche von öffentlicher Gewalt, um sie von der häuslichen Gewalt zu unterscheiden. Und ich spreche von der Zwangsgewalt, um deren Inhaber von denen zu unterscheiden, die allein Ursachen ermitteln, richten, Urteile fällen und Vorladungen aussprechen können, aber keine Zwangsgewalt haben noch ihre Urteile vollstrecken können. [...]

|431| Die einfachste Art der Ausübung von Zwangsgewalt ist die Festsetzung von Personen oder die Beschlagnahme von Dingen. Es ist sinnlos, jemanden vorzuladen, Urteile zu fällen und Strafen auszusprechen, wenn man den Rechtsbrecher nicht fassen oder dessen Güter nicht beschlagnahmen kann. [...] Der Magistrat hat die Macht zu verurteilen oder freizusprechen. Seine Gerichtsbarkeit kann sich auf Sachen oder körperliche Strafen erstrecken, sie kann einer Appellationsinstanz unterworfen sein oder selbst letzte Instanz sein. Die oberste Stufe ist die Gewalt über Leben und Tod, d. h. die Macht, Todesstrafen auszusprechen oder zum Tode Verurteilte zu begnadigen. Dies berührt die Merkmale der Souveränität selbst und fällt nicht in die Kompetenz der Magistrate.

Man kann sagen, daß öffentliche Gewalt in zwei Formen auftritt. Einmal in Gestalt der Souveränität, die absolut und unbegrenzt ist und über Gesetzen, Magistraten und einzelnen Untertanen steht. Zum anderen in der gesetzlichen Form, die nach den Gesetzen und dem Souverän ausgerichtet ist und die den Magistraten und allen zukommt, die bis zum Zeitpunkt des Widerrufs mit außerordentlicher Befehlsgewalt ausgestattet sind. Der souveräne Fürst erkennt außer Gott keinen Größeren über sich an. Der Magistrat erhält seine Macht zuerst von Gott und dann vom souveränen Fürsten, an dessen Gesetze er immer gebunden bleibt. Die einzelnen Untertanen anerkennen nach Gott, den man stets an die erste Stelle setzen muß, ihren souveränen Fürsten, seine Gesetze und seine Magistrate, jeden in seinem Zuständigkeitsbereich.

Unter den Begriff Magistrat fallen auch alle, an deren Lehen die Gerichtsbarkeit gekoppelt ist, |432| da sie dies – wie die Magistrate auch – ebenfalls vom souveränen Fürsten empfangen. [...] Jeder Magistrat und alle Personen mit Befehlsgewalt sind vollständig an den Souverän gebunden und von ihm abhängig. Er kann nach seiner freien Entscheidung Gesetze ändern und widerrufen. [...]

## *7. Kapitel*

## *Über Korporationen und Kollegien, Stände und Gemeinschaften*

|474| Nachdem etwas über die Familie und ihre Teile, über die Souveränität und die Magistrate gesagt worden ist, müssen wir uns nun den Korporationen und Kollegien zuwenden. [...] Der Unterschied zwischen einer Familie und Korporationen oder Kollegien sowie diesen und dem Staat entspricht dem Unterschied zwischen den Teilen und dem Ganzen. Die Gemeinschaft einer Anzahl von Familienvorständen, eines Dorfes, einer Stadt oder eines Gebiets kann ohne Staat existieren, ebenso eine Familie ohne Kollegien. Mehrere durch Freundschaft zusammengehaltene Familien bilden Korporationen und Gemeinschaften. Mehrere Korporationen und Gemeinschaften schließlich, die durch eine souveräne Gewalt verbunden sind, bilden einen Staat. [...]
|495| Kann ein Staat auf Korporationen und Kollegien verzichten? Die Menschen bilden durch wechselseitige Verbindungen Gemeinschaften: Stände, Körperschaften und Kollegien, um schließlich Staaten zu gründen. Diese haben vor allem in Gott, aber danach in Freundschaft und gegenseitigem Wohlwollen ihr Fundament. Solche Freundschaft kann nur durch Verbindungen, Gesellschaften, Stände, Gemeinschaften, |496| Brüderschaften, Korporationen und Kollegien Bestand haben. Die Frage, ob Gemeinschaftsbildungen

für den Staat notwendig sind, heißt also zugleich, ob der Staat ohne Freundschaftsbindungen bestehen kann, ohne die selbst die Welt nicht sein kann. [. . .]
|499| Auf die Frage also, ob es gut ist, Stände, Kollegien und Gemeinschaften zu haben und ob der Staat auf sie verzichten kann, ist zu erwidern, daß es nichts Besseres gibt, um demokratisch regierte Staaten zu festigen und Tyranneien zu stürzen. Denn diese gegensätzlichen Staaten erhalten und zerstören sich gleichfalls durch gegensätzliche Mittel. Ebenso werden Aristokratien und legitime Monarchien durch eine maßvolle Mitwirkung von Ständen, Korporationen und gut geordnete Gemeinschaften gefestigt. Demokratien begünstigen Gemeinschaftsbildungen, wie Solon in Athen es tat. Entsprechend setzt ein Tyrann alles daran, sie zu zerstören, denn er weiß genau, daß die Einigkeit der Untertanen seinen Sturz bedeutet. [. . .]
|500| Das sicherste Fundament einer gerechten Monarchie besteht in der Mitwirkung der Stände, Korporationen und Kollegien. Denn wenn es erforderlich ist, Geld zu beschaffen, Truppen zusammenzuziehen oder den Staat gegen Feinde zu verteidigen, so geschieht es nur durch die Generalstände oder die ständischen Vertretungen der Provinzen, Städte und Gemeinschaften. Auch diejenigen, die die Stände beseitigen wollen, können im Notfall auf nichts anderes zurückgreifen, denn die versammelten Stände bringen die Stärke zur Verteidigung ihres Fürsten auf.
Wenn die Stände versammelt sind und der Fürst anwesend ist, werden Dinge verkündet, die den gesamten Staatskörper betreffen. Dort werden Beschwerden laut, die sonst nie zu den Ohren des Fürsten kämen. Dort werden Täuschungen, Diebstähle und Unterschlagungen offengelegt, die im Namen des Fürsten, aber ohne sein Wissen begangen wurden. Es ist unglaublich, welche Befriedigung die Untertanen beim Anblick ihres Königs empfinden, wenn er den Ständen vorsitzt; wie stolz sie sind, vor dem König zu erscheinen. Wenn er ihre Beschwerden hört und ihre Bitten entgegennimmt, |501| so fühlen sie sich glücklich, zum Fürsten Zutritt ge-

habt zu haben, auch wenn sie mit ihrem Anliegen oft genug abgewiesen werden. Nirgends wird das Prinzip der ständischen Vertretung genauer beachtet als in Spanien, wo die Stände alle zwei oder drei Jahre tagen. Auch in England ist dies der Fall, denn es werden keine Steuern bezahlt, wenn das Parlament nicht zusammentritt. [...]

|502| Im Zusammenhang mit allen Korporationen und Kollegien in legitimen Monarchien und Aristokratien soll das rechte Maß, das stets zu empfehlen ist, beachtet werden. Die Vernichtung aller Gemeinschaftsbildungen bedeutet Ruinierung des Staates, aus dem dann eine barbarische Tyrannei wird. Ebenso aber ist es gefährlich, alle Arten von Vereinigungen zu erlauben. Denn oft genug verbergen sich hinter ihnen Verschwörungen und Monopolbildungen, wofür es viele Beispiele gibt. Darin lag der Grund, warum mehrmals Vereinigungen durch Gesetze verboten wurden, die dann freilich nicht ausgeführt wurden. Es ist besser, die Schlechten wie Unkraut auszurotten als Gute und Schlechte in gleicher Weise zu beseitigen. [...]

# Buch IV

## *1. Kapitel*

## *Über Entstehung, Aufstieg und Blüte sowie Verfall und Zusammenbruch von Staaten*

|503| Staaten haben ihren Ursprung in der Familie, die sich im Laufe der Zeit allmählich vergrößert; oder sie entstehen in einem Augenblick durch eine versammelte Menschenmenge; oder durch Koloniebildung eines anderen Staates, als ob ein Bienenschwarm den alten Bienenkorb verläßt oder ein Zweig neu eingepflanzt wird, der Wurzeln schlägt und schneller Früchte trägt als Bäume, die aus einem Samen sprießen. |504| In jedem Fall entsteht ein Staat durch die Macht der Stärksten oder durch die Einwilligung der einen, die sich freiwillig den anderen unter Aufgabe ihrer Freiheit unterwerfen, damit über sie mit souveräner Gewalt verfügt wird, sei es ohne Gesetz, sei es im Rahmen bestimmter Gesetze und unter gewissen Bedingungen.

Ist ein Staat entstanden und hat er gute Grundlagen, so sichert er sich gegen Gefährdungen von außen und gegen innere Krankheiten. Nach und nach nimmt er an Macht zu, bis er den Zustand der Vollendung erreicht. Diese Blütezeit eines Staates kann wegen der Wandelbarkeit menschlicher Dinge nicht von langer Dauer sein. Alles Irdische ist so veränderlich und unsicher, daß die größten Staaten oft unter ihrem eigenen Gewicht zusammenbrechen. Andere stürzen durch die Gewalt ihrer Feinde in dem Augenblick, in dem sie sich am sichersten glauben. Wieder andere erreichen ein hohes Alter und finden durch innere Auszehrung ihr Ende. Die vollkommensten Staaten erleiden im allgemeinen die größten Veränderungen. Sie sind deswegen nicht zu tadeln, wenn die Veränderung durch äußeren Einfluß eintritt, wie es meistens geschieht. Denn die besten Staaten haben die größten Neider. [...] Wir kennen aber auch schlecht regierte Staaten, die eher bemitleidet als beneidet werden. Es ist also dringend notwendig, Veränderungen von Staaten zu erkennen und zu begreifen, bevor man ein Urteil fällt oder einen Staat als Vorbild hinstellt.

Mit Veränderungen meine ich Veränderungen in der Staatsform: wenn die Souveränität vom Volk auf einen Fürsten übergeht oder von wenigen Herrschenden auf das einfache Volk oder umgekehrt. Denn wenn Gesetze, Sitten, Religion oder Lage sich ändern und die Souveränität unberührt bleibt, so handelt es sich nur um einen Wechsel. Andererseits kann es sein, daß sich die Staatsform ändert und Gesetze und Sitten mit Ausnahme von denen bestehenbleiben, die die Souveränität berühren. So geschah es, als Florenz sich von einer Demokratie zur Monarchie wandelte. Das Alter eines Staates kann man nicht anhand des |505| Stadtgründungsdatums bestimmen, wie dies Paulus Manutius[1] getan hat, der sagt, daß Venedig 1200 Jahre alt ist, obwohl es doch drei Staatsformen hatte. Es kann auch vorkommen, daß weder die Stadt noch das Volk, noch die Gesetze irgendwelche Wandlungen oder Beeinträchtigungen erfahren und dennoch der Staat zugrunde geht. Dies geschieht, wenn ein souveräner Fürst sich einem anderen unterwirft oder durch testamentarische Verfügung seinen Staat einer Demokratie vermacht. So haben Attalus, König von Asien[2], Coctius, König der Alpen[3], und Polemon, König von Amaseia[4], Rom zum Erben ihrer Staaten erklärt. Mit dem Tod der Könige wurden die Königreiche zu Provinzen. Dieser Vorgang bedeutet nicht Veränderung einer Staatsform in eine andere, denn die Souveränität wird vollständig ausgelöscht. Wenn andererseits aus einer Bürgergemeinde oder Provinz ein Staat oder mehrere Staaten entstehen, so han-

1. Paulus Manutius (1512–74) schrieb Kommentare zu Cicero.
2. Attalos III. von Pergamon, regierte 138–133 v. Chr.
3. M. Iulius Cottius, Kleinfürst in den Alpen (Alpes Cottiae), kaiserlicher Präfekt, von Kaiser Claudius 44 n. Chr. mit dem Königstitel versehen, starb während der Regierungszeit Neros. Daraufhin wurde das Königreich römische Provinz.
4. Polemon von Pontos, der 63 n. Chr. sein Reich an Rom abtrat.

delt es sich auch nicht um eine Veränderung des Staates, sondern um eine Neugründung. [...]
|506| Jede Veränderung ist entweder ein freiwilliger Akt oder entspringt einer Notwendigkeit oder enthält von beidem etwas. Handelt es sich um eine Notwendigkeit, so hat diese entweder natürliche oder gewaltsame Ursachen. Obwohl Geburt angenehmer ist als Tod, erkennen wir, daß beides im natürlichen Ablauf zusammengehört. Der Tod ist erträglicher, wenn er in hohem Alter eintritt oder Folge einer langen Krankheit ist. Analog kann man sagen, daß Veränderungen von Staaten aufgrund ihres langen Bestands notwendig und nicht immer gewaltsam sind, denn man kann nicht gewaltsam nennen, was allem auf der Welt im Zuge natürlicher Abläufe widerfährt. Veränderungen müssen auch nicht immer Veränderungen zum Schlechten bedeuten, sondern können auch einen Fortschritt beinhalten, mag es sich um einen natürlichen oder gewaltsamen Vorgang handeln. Eine freiwillige Veränderung ist angenehmer und leichter für alle. Wenn der Inhaber der Souveränität sich ihrer entledigt, ändert sich die Staatsform. Die Veränderung von Demokratie zu Monarchie unter der Diktatur von Sulla[5] war gewaltsam und blutig. Aber der Wechsel von der Monarchie, die im Gewand der Diktatur auftrat, zur Demokratie war angenehm und leicht. Sulla verzichtete freiwillig auf seine Souveränität, um sie ohne Gewalt und unter allgemeiner Zustimmung dem Volk zu übergeben. Ähnlich wurde die Aristokratie von Siena nach der Tyrannei von Pandolfo[6] in eine Demokratie verwandelt. Dies geschah unter Zustimmung der Herrschenden, die sich in die Hand des Volkes begaben und die Stadt verließen.
Der Wechsel von Krankheit zu Gesundheit oder von Gesundheit zu Krankheit kann durch innere oder äußere Einwirkung erfolgen. |507| Ebenso kann ein Staat durch äußere oder innere Freunde beziehungsweise Feinde Veränderungen erfahren. Veränderungen – zum Guten oder zum Schlech-

5. Sulla war 82–79 v. Chr. in Rom Diktator.
6. Pandolfo Petrucci, der 1490–1512 in Siena herrschte.

ten – erfolgen oft gegen den Willen der Bürger, die, wenn es nicht anders geht, gezwungen werden müssen, wie es Lykurg[7] getan hat, der Sparta gegen den Willen der Bevölkerung eine demokratische Regierungsform gab. Sie gingen mit Gewalt gegen ihn vor, und er verlor ein Auge, obwohl er alle Thronansprüche für sich und seine Nachfolger widerrief.

Da es, wie wir gesehen haben, nur drei Staatsformen gibt, gibt es auch nur sechs Möglichkeiten der Veränderung: von der Monarchie zur Demokratie oder umgekehrt, von der Monarchie zur Aristokratie oder umgekehrt, von der Aristokratie zur Demokratie oder umgekehrt. Jede Staatsform kann wiederum sechs Veränderungen ihrer Herrschaftsform erleben: von der legitimen zur despotischen, von dėr despotischen zur tyrannischen, von der tyrannischen zur legitimen, von der legitimen zur tyrannischen, von der tyrannischen zur despotischen, von der despotischen zur legitimen Herrschaftsform. [...]

|508| Neben diesen Veränderungen kommt es bisweilen vor, daß der Staat sich in einem ungesunden Zustand befindet. So hatte das Volk von Rom nach dem Tod von Romulus weder eine Monarchie noch eine Demokratie noch eine Aristokratie. Die hundert Senatoren, die nacheinander regierten, hatten keine souveräne Gewalt und regierten nur kommissarisch. Man kann sagen, daß die Souveränitätsgewalt wieder beim Volk lag und die Befehlsgewalt bei den Senatoren.

Manchmal kommt es vor, daß jegliche Staatsform zu bestehen aufhört und reine Anarchie an ihre Stelle tritt. Dann gibt es keine Souveränität, keine Magistrate, keine Bevollmächtigten mit Befehlsgewalt. [...]

|509| Wie Menschen bisweilen vorzeitig – in der Blüte ihrer Jahre oder gar im Kindesalter – sterben, so kommt es auch vor, daß Staaten vergehen, bevor sie auf militärischem oder gesetzgeberischem Gebiet etwas geleistet haben. Einige von

7. Legendärer Gesetzgeber Spartas aus dem 9. Jh. v. Chr.

ihnen sterben gar schon kurz nach ihrer Entstehung wie die Stadt Münster im deutschen Reich, die von den Anabaptisten unter ihrem König Jan von Leiden aus dem Reich herausgelöst wurde.[8] Er änderte Staat, Gesetze und Religion. Während seiner gesamten Herrschaft wurde die Stadt |510| belagert, bis sie überwältigt und der König öffentlich hingerichtet wurde.

Wenn ich von der Blütezeit eines Staates spreche, so meine ich nicht einen Zustand der absoluten Perfektion. Denn in dieser vergänglichen Welt ist nichts vollkommen, am wenigsten in den Handlungen der Menschen. Seine Blütezeit hat ein Staat erreicht, wenn er den höchsten Grad der Vervollkommnung erreicht hat, oder besser: wenn er am wenigsten unvollkommen ist. Dieser Zustand kann erst nach dem Verfall oder Zusammenbruch eines Staates bestimmt werden. Rom war zu verschiedenen Zeiten ein gemäßigt monarchisch, tyrannisch, aristokratisch oder demokratisch regierter Staat, doch niemals in so blühendem Zustand wie unter der demokratischen Regierung und in dieser Zeit niemals so vollkommen wie unter Papirius Cursor[9]. So urteilte schon Livius: »Illa aetate, qua nulla virtutum feracior fuit, nemo erat, quo magis innixa res Romana, quam in Papirio Cursore staret.«[10] Niemals wieder waren militärische und zivile Disziplin, Gesetze und Anordnungen besser ausgebildet und ausgeführt, Glaube und Religion besser beachtet und befolgt, Laster strenger bestraft. Niemals gab es heldenhaftere Männer. Wenn jemand einwenden will, daß die Römer damals noch arm und über Italien nicht hinausgelangt waren, so halte ich dem entgegen, daß man die Tugend niemals am Reichtum messen darf und den Grad der Vollkommenheit eines Staates nicht an seiner territorialen

8. Das »tausendjährige Reich« der Wiedertäufer in Münster 1534–35 unter Jan Bockelson aus Leiden.

9. Lucius Papirius Cursor, seit 326 v. Chr. mehrmals Konsul, war bedeutender Heerführer in den Samnitenkriegen.

10. Das genaue Zitat bei Livius, Ab urbe condita IX 16, 19, lautet: »Haud dubie illa aetate, qua nulla virtutum feracior fuit, nemo unus erat vir, quo magis innixa res Romana staret.«

Ausdehnung. Niemals waren die Römer mächtiger, reicher und größer als unter Kaiser Trajan, der den Euphrat überschritt, große Teile Arabiens eroberte und die große Brücke über die Donau baute, deren Überreste noch zu sehen sind. Trajan bezwang die wildesten Völker seiner Zeit. Und dennoch hatten Ehrgeiz, Habsucht, Ausschweifungen und Genußsucht von den Römern derart Besitz ergriffen, daß nur noch ein Schatten der alten Tugenden übriggeblieben war. [...]

So viel zu den getroffenen Unterscheidungen, die man im Gedächtnis behalten muß, um die Veränderungen der Staaten besser verstehen zu können, |511| die niemand bisher behandelt hat.

Für die Veränderungen von Staaten gibt es vielfältige Ursachen, doch kann man sie auf wenige reduzieren. Wenn die Erbfolge nicht gesichert ist, beginnen die Mächtigsten den Kampf um die Staatsmacht. Oder es treten Veränderungen ein, wenn die Mehrheit der Untertanen arm ist, einige wenige aber übermäßig reich sind; oder wenn eine große Ungleichheit in der Verteilung von Gütern und Ehren herrscht; oder bei extremem politischem Ehrgeiz; oder bei dem Bedürfnis, Unrecht zu rächen; oder bei Grausamkeit und Unterdrückung durch Tyrannenmacht; oder bei Furcht vor verdienter Strafe; oder beim Wechsel von Gesetz und Religion; oder bei dem Wunsch, Vergnügungen in gewünschtem Ausmaß nachgehen zu können; oder bei dem Versuch, diejenigen zu vertreiben, die durch Ausschweifungen höchste Ämter in den Schmutz ziehen. Ich werde alle genannten Ursachen der Reihe nach behandeln und, wenn nötig, durch Beispiele erläutern.

Ich sagte bereits, daß die Staaten durch gewaltsame Tyrannis entstanden sind und daß dann die einen als despotische Monarchien, die anderen als legitime Monarchien mit Erbfolgerecht weiterbestanden haben. Alle kirchlichen und weltlichen Historien stimmen darin überein, daß die erste Schaffung einer souveränen Gewalt und die erste Staatsform mit der Monarchie der Assyrer gegeben war, daß der

erste Fürst, Nimrod, sich durch Gewalt und Tyrannei zum Souverän machte. Seine Nachfolger haben despotisch geherrscht und über ihre Untertanen und deren Eigentum nach Gutdünken verfügt, bis Arbakes, der Statthalter der Meder, Sardanapal, den letzten Fürsten der Assyrer, davonjagte und sich ohne Wahl zum König machte. Die Ursache dafür war in dem lasterhaften Leben Sardanapals zu suchen, der meistens in der Gesellschaft von Frauen war. Tatkräftige Männer sehen einen solchen Zustand mit Unbehagen, da sie nicht jemandem untertan sein wollen, der nur die Gestalt eines Mannes hat. Wir stellen auch fest, daß die Abkömmlinge von Artabazos, die Könige von Persien und Ägypten, der Hebräer, Makedonier, Korinther, Sikyoner, Athener, Kelten und Spartaner, durch Erbfolgerecht über Königreiche herrschten, die zumeist durch Gewalt gegründet worden waren, |512| im Laufe der Zeit allerdings durch Gerechtigkeit und gute Gesetze regiert wurden.
Dieser Zustand dauerte an, bis die Erbfolge unterbrochen wurde, was oft eine Änderung des Staates nach sich zieht; oder bis die Fürsten, wenn sie ihre Macht mißbrauchten und die Untertanen schlecht behandelten, verjagt oder getötet wurden. Die Untertanen fürchteten einen Rückfall in die Tyrannei, wenn sie die souveräne Gewalt einem einzelnen übergeben würden, oder sie waren unwillig, unter dem Befehl von einem aus ihrer Mitte zu stehen, so daß sie – ohne sich um die unteren Volksschichten zu kümmern – Aristokratien gründeten. Wenn arme oder einfache Leute an der Herrschaft beteiligt sein wollten, so wurde ihnen die Fabel von den Hasen erzählt, die über die Löwen herrschen wollten. Selbst wenn die Monarchie von einer Demokratie abgelöst wurde, besetzten immer die Reichen und Adligen die großen Staatsämter. So wollte Solon, der ein demokratisches Staatswesen gegründet hatte, nicht zugestehen, daß einfache und arme Leute am Staatsleben teilnehmen. Auch die Römer reservierten Ämter und Pfründen für Adlige, nachdem sie die Könige verjagt und eine Demokratie gegründet hatten. Wir erfahren aus der Geschichte

ebenfalls, daß nach Vertreibung der ersten Tyrannen Angehörige des Militärs erwählt wurden, nicht aber Angehörige des einfachen Volkes, bis endlich Aristides und Perikles in Athen und Canuleius[11] und andere Tribunen in Rom allen Untertanen Zugang zu Ämtern und Pfründen verschafften. Seit die Menschen aufgrund jahrhundertelanger Erfahrung erkannt haben, daß die Monarchie eine bessere und dauerhaftere Staatsform ist als Aristokratie und Demokratie und unter den Monarchien diejenigen mit Erbfolge in der männlichen Linie vorzuziehen sind, haben sie fast überall solche Monarchien etabliert. In einigen Fällen, wo man den Tod des Königs ohne männlichen Nachfolger fürchtete, räumte man dem Fürsten das Recht ein, einen Nachfolger zu bestimmen. So haben es einige römische Kaiser getan, und so geschieht es noch heute in mehreren afrikanischen Staaten. In anderen Fällen behält sich das Volk das Recht auf Wahl eines Nachfolgers vor, in einigen Königreichen wie in Polen, Böhmen, Ungarn, Dänemark, Schweden und Norwegen sogar dann, wenn ein männlicher Erbe vorhanden ist. Wenn das Volk einen grausamen Tyrannen hatte, wählt es einen |513| gerechten und sanftmütigen Fürsten. Hatte es einen verweichlichten oder zur Kontemplation neigenden Fürsten, so sucht es sich einen tatkräftigen Führer. [...]

|514| Es braucht nicht zu verwundern, daß es nur wenige tugendhafte Fürsten gibt. Denn es gibt auch nur wenige tugendhafte Männer, und aus dieser kleinen Zahl werden die Fürsten im allgemeinen nicht gewählt. Darum ist es durchaus bemerkenswert, wenn man unter vielen Fürsten einen hervorragenden Herrscher findet. Und ist einer zu der Position aufgestiegen, wo er außer Gott niemand über sich hat, so ist er so viel Versuchungen ausgesetzt, daß es einem Wunder gleichkommt, wenn er seine Tugend bewahrt. Die Gerechtigkeit eines Fürsten leuchtet so hell, daß ihr

11. Lex Canuleia aus dem Jahr 445 v. Chr. Bewilligte den Plebejern die Ehegemeinschaft mit den Patriziern.

Glanz noch lange nach seinem Tod zu bemerken ist und die Kinder dieses Fürsten um ihres Vaters willen geliebt werden, auch wenn sie schlecht sind. [...] |515| Darum bewirkt die Tyrannis eines Fürsten keine Veränderungen in der Staatsform, wenn der Tyrann einen tugendhaften Vater hatte. Sein Staat gleicht einem großen Baum, der so viele Wurzeln wie Zweige hat. Aber ein neuer Fürst ohne Vorgänger gleicht einem Baum ohne Wurzeln, der beim ersten Wind umfällt. Der Nachfolger und Sohn eines Tyrannen, der in die Fußstapfen seines Vaters tritt, ist mit seinem Staat in großer Gefahr, Veränderungen zu erleiden. Denn der Sohn hat keinerlei Sicherheit und ist unbeliebt wegen seiner und seines Vaters Lastern. Wenn er keine Hilfe von seinen Nachbarn erfährt oder sich nicht auf starke Kräfte stützen kann, oder sein Staat sich nicht auf eine lange bestehende Erbfolge gründet, lebt er in der Gefahr, vertrieben zu werden. [...]

|516| Veränderungen von Staaten treten um so schneller ein, wenn der Tyrann erpresserisch, grausam oder wollüstig ist oder alles zusammen, wie es Nero, Tiberius und Caligula waren. Am häufigsten aber hat unzüchtiges Verhalten der Fürsten zu ihrem Sturz geführt. Dies ist gefährlicher für einen Fürsten als Grausamkeit. Denn Grausamkeit hält die Menschen in Furcht und verbreitet bei den Untertanen Schrecken. Unzucht jedoch erzeugt Haß und Verachtung gegenüber dem Fürsten, denn von ihm wird angenommen, daß er verweichlicht ist. Er erscheint unwürdig, ein Volk zu regieren, da er sich selbst nicht zu beherrschen vermag. [...]

|519| Es mag der Einwand gemacht werden, Gewalt und Furcht seien zu schlechte Herrschaftsinstrumente, um einen Staat zu erhalten. Dies ist wahr. Und doch muß ein neu etablierter Fürst diese Mittel benutzen, der mit Gewalt eine Demokratie in eine Monarchie verwandelt hat. Einer legitimen Monarchie freilich sind diese Mittel fremd. Sie ist um so sicherer, je weniger Sicherheitskräfte sie hat. [...]

|521| Alle aus Aristokratien oder Demokratien hervorgegan-

gene Monarchien beginnen in dem Moment zu existieren, in dem einer der Magistrate, Heerführer oder Gouverneure, die über Machtmittel verfügen, sich zum souveränen Herren macht, oder wenn ein Fremder das Land unterwirft, oder wenn man sich freiwillig den Gesetzen und Befehlen eines anderen unterwirft. Der erste Fall kommt am häufigsten vor, und wir kennen viele Beispiele dafür. [...] Es ist eine nicht zu bezweifelnde Wahrheit, daß, wer die Streitkräfte befehligt, auch Herr über den Staat ist. |522| Darum sind in wohlgeordneten Aristokratien und Demokratien die höchsten Staatsämter nie mit der Kommandogewalt gekoppelt. Macht wird immer nur kollegial ausgeübt. Wenn dies nicht möglich ist – wie etwa im Krieg, wo es gefährlich wäre –, ist die Amtszeit kurz bemessen. So hatten die Römer zwei Konsuln und die Karthager zwei Sufeten, die sich in der Kommandogewalt täglich ablösten. Obwohl der Dissens, der zwischen zwei Gleichberechtigten gewöhnlich auftritt, oft die Ausführung von nützlichen Dingen verhindert, neigt ein solcher Staat doch weniger leicht dazu, in eine Monarchie umgewandelt zu werden, als wenn nur ein Magistrat an der Spitze steht. [...] Aus denselben Erwägungen war ein Diktator in Rom nie länger im Amt als es die Lage erforderte, höchstens aber sechs Monate. Manchmal belief sich seine Amtszeit nur auf einen Tag. War die Zeit abgelaufen, endete die Befehlsgewalt. Gab er sein Kommando nicht zurück, konnte er wegen Hochverrat angeklagt werden. [...]

|524| Der Wechsel von einer Demokratie zur Aristokratie ist im allgemeinen durch eine Niederlage im Krieg oder durch andere Feindeinwirkung bedingt. Ein Sieg dagegen stärkt und festigt die demokratische Staatsform. Dies kann man an Athen und Syrakus beobachten. Die von Syrakus wegen des Versagens des Nikias geschlagenen Athener veränderten ihre Demokratie in die aristokratische Herrschaft der Vierhundert. [...] Die Syrakusaner, durch ihren Sieg überschwenglich geworden, änderten ihre Aristokratie in eine Demokratie. Kurze Zeit danach, als die Athener unter

Alkibiades gegen Sparta siegten, vertrieben und töteten sie die Vierhundert und kehrten unter der Führung von Thrasybulos wieder zur Demokratie zurück. [...]

|525| Das Volk ist unbeständig, wankelmütig und nicht urteilsfähig. Es dreht sich mit dem Wind. Durch einen Verlust ist es gleich entmutigt, nach einem Sieg unerträglich. Es hat keinen größeren Feind als den eigenen Erfolg und keinen besseren Zuchtmeister als den, der es im Zaum hält, also einen überlegenen Gegner. Dann übernehmen die Besten und Wohlhabendsten die vom Volk verlassenen Staatsgeschäfte. Tatsächlich ist das einzige Mittel, einen demokratisch verfaßten Staat zu erhalten, Krieg zu führen und Feinde zu erfinden, wenn es keine gibt. Das war der Hauptgrund, warum der jüngere Scipio die völlige Vernichtung Karthagos vermeiden wollte. Denn er sah voraus, daß das kriegerische römische Volk im Bürgerkrieg versinken würde, wenn kein äußerer Feind mehr existierte. [...]

|529| Obwohl Aristokratien sicherer und dauerhafter als Demokratien gefügt sind, befinden sich die Herrschenden dort in einer zweifachen Gefahr, wenn sie untereinander uneinig sind. Die eine entspringt der Parteienbildung innerhalb der herrschenden Schicht, die andere dem Aufstand durch das Volk, das im Fall ihrer Gespaltenheit über sie herfällt. [...] Die Gefahr nimmt zu, wenn Fremde unbegrenzt zugelassen werden, die nach und nach zahlreicher werden. Sie haben keinen Zutritt zu den Ämtern und vertreiben die Herrschenden, wenn diese ihnen übermäßige Steuern auferlegen oder sie schlecht behandeln. [...]

|530| Diese Gefahr besteht in besonderem Maß für Venedig, das eine reine Aristokratie und von Fremden überfüllt ist. Deren Zahl ist so angewachsen, daß auf einen Venetianer hundert nichteinheimische Bürger kommen. [...]

|531| Der Wechsel von der Aristokratie zur Demokratie ist gewaltsam und blutig. Der umgekehrte Vorgang dagegen verläuft sanft und unmerklich. [...] Venedig, Lucca, Ragusa und Genua wurden einst alle demokratisch regiert. Im Laufe der Zeit haben sie sich in aristokratische Herrschaf-

ten gewandelt, nicht zuletzt deshalb, weil die ärmeren Bürger, die sich um ihren Lebensunterhalt kümmern mußten, die nichts einbringenden öffentlichen Ämter aufgaben. Im Laufe der Zeit haben diese Familien die Beteiligung am Staatsleben verwirkt. [...]

|536| Kleine Staaten sind öfter von Krisen geschüttelt als große. Ein kleiner Staat ist leicht in zwei Gruppen geteilt, während dies bei einem großen nicht so leicht geschehen kann, weil sich hier zwischen den Großen und Kleinen, den Reichen und Armen, den Böswilligen und den Guten eine große Zahl von Durchschnittsmenschen befindet, die die einen mit den anderen verbinden und die Extreme versöhnen. Darum haben die Kleinstaaten Italiens und die Staaten des alten Griechenlands, die sich nur über zwei oder drei Städte erstreckten, oft Veränderungen erleiden müssen. Die Gegensätze bleiben zweifellos getrennt, wenn es kein Mittel gibt, sie zu verbinden. Dies erkennt man auf den ersten Blick zwischen Adligen und Nichtadligen, Reichen und Armen, Tugendhaften und Lasterhaften. Aber auch die Verschiedenheit von getrennten Bezirken einer Bürgergemeinde ist oft der Anlaß zu Veränderungen in einem Staat.

|537| Nicht selten geschieht es, daß innere Unruhen zu Eingriffen von außen führen. Denn ein Fürst überfällt in der Regel den Nachbarstaat in der Stunde der Niederlage, wie es die Normannen nach der Schlacht von Fontenoy[12] taten, als der fränkische Adel praktisch ausgelöscht war. [...] Veränderungen von außen, durch innere Spannungen hervorgerufen, sind dann am meisten zu fürchten, wenn |538| es sich bei den Nachbarn nicht um Freunde oder Verbündete handelt. Nachbarschaft weckt den Appetit auf den Staat des anderen. Darüber darf man nicht erstaunt sein. Wenn man bedenkt, daß weder das Meer noch Gebirge, noch unbewohnte Wüsten eine Schranke gegen den Ehrgeiz und die Habsucht von Fürsten darstellen, wie können sie sich mit dem zufriedengeben, was sie besitzen, ohne bei pas-

12. Schlacht zwischen den Söhnen Ludwigs des Frommen 841.

sender Gelegenheit Übergriffe auf die Nachbarn zu machen, mit denen sie gemeinsame Grenzen haben.
Ein solches Schicksal ist eher zu befürchten, wenn der bedrohte Staat klein ist wie Ragusa, Genf oder Lucca, die nur aus einer Stadt und wenig Territorium bestehen. Wer die Stadt erobert, besitzt den ganzen Staat. Dies kann in großen und mächtigen Staaten nicht passieren, die mehrere Provinzen und Statthalter haben. Ist ein Teil besetzt, kommen ihm die anderen zu Hilfe, wie mehrere Teile eines starken Körpers sich im Notfall gegenseitig helfen. Vor einer Aristokratie oder Demokratie hat eine Monarchie stets den Vorteil, daß es keine Hauptstadt als Sitz der Herrschaft gibt. Denn ist diese einmal gefallen, stürzt praktisch der ganze Staat. Der König dagegen wechselt von Ort zu Ort. Auch wenn er gefangengesetzt wird, bedeutet dies nicht den Untergang des Staates. [...] Meist wird er gegen Lösegeld wieder freigelassen. Wenn der Feind darauf nicht eingeht, können die Stände zu einer neuen Wahl schreiten oder den nächsten Prinzen von Geblüt bestimmen. Ein gefangener König wird eher auf seinen Staat verzichten oder als Gefangener sterben als seinen Untertanen zu schaden. [...]
|539| Wie ein Gebäude, das auf sicheren Fundamenten gegründet, mit dauerhaftem Material gebaut und in seinen Teilen gut zusammengefügt ist, Sturm und Unwetter nicht zu fürchten braucht und mit Leichtigkeit allen Gewalten widersteht, so erleidet derjenige Staat, der auf gute Gesetze gegründet ist und ein Höchstmaß an Integration aufweist, nicht ohne weiteres Veränderungen. Andererseits gibt es so schlecht gegründete und innerlich zerrissene Staaten, daß sie schon der ersten Erschütterung zum Opfer fallen. Und dennoch gibt es keinen Staat, der im Laufe der Zeit nicht Veränderungen erlitte und am Ende nicht zugrunde ginge. Eine Veränderung ist am besten zu ertragen, wenn sie langsam vonstatten geht. [...] Ein Beispiel finden wir in Deutschland, das eine reine Aristokratie ist. Und doch sind es nur ungefähr dreihundert Jahre her, daß Deutschland

noch eine wahre Monarchie war. Als die Nachkommen Karls des Großen, der kraft Nachfolgerecht an die Spitze des Staates getreten war, scheiterten, fiel der Staat an Fürsten, die ihre Stellung einer Wahl verdankten. [...] Gegenwärtig haben die Kaiser nichts als den Titel und den Namen eines Kaisers. Die Souveränität liegt bei den Reichsständen. [...]

## *3. Kapitel*

### *Veränderungen von Staaten und Gesetzen sollen nicht plötzlich eintreten*

|572| Wir haben über Veränderungen und Auflösungen von Staaten gesprochen, über deren Ursachen und über die Schlußfolgerungen, die man daraus für die Zukunft ziehen kann. [...] Gute Ärzte kennen die Mittel, Krankheiten zu heilen und deren Verlauf abzukürzen. Warum sollten nicht auch weise Politiker, die in Staaten auftretende Änderungen vorauszusehen in der Lage sind, dem Zusammenbruch von Staaten durch geeignete Mittel vorbeugen? Wenn jedoch das Übel derart groß ist, daß es sich nicht mehr aufhalten läßt, so können doch die Symptome analysiert werden, um die Unwissenden zu warnen. [...]
|574| Will man den Staat erhalten, so lautet die erste Regel, daß man eine genaue Kenntnis seiner Natur und der Krankheitsursachen haben muß, die ihn befallen können. Denn es reicht nicht aus, die beste Staats- und Regierungsform zu kennen. Man muß auch wissen, wie der Staat erhalten werden kann, wenn Anpassungen nicht möglich sind oder den Staat gefährden würden. Denn es ist besser, einen Kranken mit Diät am Leben zu erhalten als ihn unter Gefährdung seines Lebens zu heilen versuchen. Nie sollte man zu Gewaltkuren greifen, es sei denn, es bleibt kein anderes Mittel übrig. Dieser Grundsatz hat auch in allen Staatswesen Geltung, nicht nur bezüglich der Verfassung, sondern auch der

Gesetze, der Sitten und Gewohnheiten. Die Mißachtung dieses Prinzips hat den Sturz blühender Staatswesen verursacht, wenn die Übernahme guter Bestimmungen aus gänzlich andersartigen Staaten versucht wurde. Wir haben bereits gezeigt, daß gute Gesetze, die einer Monarchie zum Wohl gereichen, geeignet sind, eine Demokratie zu zerstören, während andere, die die Freiheit des Volkes garantieren, den Niedergang einer Monarchie bewirken.

Es gibt Bestimmungen, die auf alle Staatsformen zutreffen. Aber die alte und weise Politiker bewegende Frage ist nicht gelöst, ob eine Neuerung gegenüber einer alten Bestimmung vorzuziehen sei. Denn ein noch so gutes Gesetz taugt nichts, wenn es mit dem Rest der Gesetze in Widerspruch steht |575| und verachtet wird. Die Bindung an das Hergebrachte ist so groß, daß sie die Befolgung der Gesetze ohne Staatsaufsicht garantiert, während neue Gesetze auch bei Strafandrohung nur mit Mühe eingeführt werden können. Der Nutzen eines neuen Gesetzes wird durch den Schaden wieder aufgehoben, der aus der Mißachtung der anderen Gesetze entsteht. Kurz: nichts ist schwieriger, nichts weniger erfolgversprechend, nichts gefährlicher als die Einführung neuer Gesetze.

Dieses Argument scheint mir von beträchtlichem Gewicht zu sein. Doch will ich ein weiteres hinzufügen, das nicht weniger bedeutsam ist: jede Veränderung von Verfassungsgesetzen ist gefährlich. Die Änderung von Gewohnheiten und Gesetzen, die Erbschaften, Verträge oder Knechtschaftsverhältnisse zum Guten hin verändern, ist tragbar. Aber die Änderung von Verfassungsgesetzen ist ebenso gefährlich wie die Beseitigung von Fundamenten oder Ecksteinen, die das ganze Gewicht eines Gebäudes tragen. Ein so behandeltes Gebäude gerät in Bewegung und nimmt besonders dann, wenn es alt und baufällig ist, durch das neue Material – von der Gefahr des Zusammensturzes einmal abgesehen – mehr Schaden, als es Nutzen davonträgt. Dasselbe gilt für ein altes Staatsgebilde. Rührt man nur leicht an seinen Fundamenten, ist es in großer Gefahr zusammenzubrechen. Darum soll die alte Maxime weiser Politiker im Gedächtnis behalten werden, nichts an den Gesetzen eines Staates zu ändern, der sich lange in guter Verfassung gehalten hat – so groß der Vorteil auch erscheinen mag. [...]

|576| Wenn mir jemand entgegenhält, die häufige Veränderung von Gesetzen sei notwendig, besonders von Gesetzen, die die tägliche Politik berühren, so meine auch ich, daß einer solchen Notwendigkeit Priorität eingeräumt werden muß. Sprechen wir aber von Gesetzen, die womöglich die Verfassung berühren, so ist ihre Änderung immer gefährlich, so groß der Nutzen auch zu sein scheint.

Ich plädiere damit keineswegs für die Unterordnung des Staates unter die Gesetze, die schließlich für dessen Erhaltung gemacht sind. Man muß stets den allgemeinen Grundsatz befolgen, der keine Ausnahme duldet: SALUS POPULI SUPREMA LEX ESTO. [...] Es gibt keine noch so guten Gesetze, die nicht der Änderung bedürfen, wenn das Staatsinteresse es erfordert. Dann sollten sie geändert werden, aber nicht früher. [...]

|581| Bei der Regierung eines wohlgeordneten Staates sollte man dem Beispiel der Natur folgen, die stets langsam voranschreitet, Schritt für Schritt. Gott läßt aus einem kleinen Samen in kleinen, nicht wahrnehmbaren Schritten einen großen Baum wachsen. Er vereinigt die Extreme nie unmittelbar. Zwischen Winter und Sommer stellt er den Frühling, zwischen Sommer und Winter den Herbst. Dieselbe Weisheit offenbart sich ebenfalls in allem anderen. [...]

## 4. Kapitel

## Ob es gut ist, wenn die Amtsträger eines Staates Dauerstellungen haben

|581| Vielleicht trägt nichts so sehr zu Veränderungen von Staaten bei wie der häufige Wechsel oder die immerwährende Stellung der Magistrate. [...] |582| Das stärkste Argument, das für den jährlichen Wechsel von Amtsträgern spricht, ist dies, daß der vornehmste Zweck jedes Staates in der Ausbildung von Tugend besteht. Das Ziel jedes guten Gesetzgebers besteht darin, gute und tugendhafte Untertanen zu schaffen. Um dies zu erreichen, belohnt er tugendhaftes Verhalten. Nun ist es sicher, daß Ehren und Ämter nichts anderes sind als Belohnungen für tugendhaftes Verhalten. [...] Darum sollen Fürsten und Gesetzgeber vor den Augen aller Welt Ämter als Preis der Tugend hinstellen und sie jedem Untertan seinen Verdiensten gemäß zuteilen, was unmöglich ist, wenn die Ämter auf Dauer vergeben werden.

Ein anderer Punkt, den ein weiser Fürst immer vor Augen haben muß, ist der, die Wurzeln und Samen des Bürgerkriegs auszurotten, also Frieden und Freundschaft unter den Untertanen zu erhalten. Dieser Punkt ist derart gewichtig, daß viele meinen, es sei das einzige Ziel, auf das ein guter Gesetzgeber hoffen soll. Denn mag man auch die Tugend verbannen, um in Zügellosigkeit zu leben, so stimmen doch alle darin überein, daß Bürgerkrieg die schlimmste Krankheit der Staaten ist, |583| denn ein Bürgerkrieg zieht den Untergang sowohl der Guten wie der Schlechten nach sich. Die Hauptursache von Aufständen liegt in der Ungleichheit begründet, und umgekehrt ist die Mutter von Frieden und Freundschaft die Gleichheit, was nichts anderes bedeutet als natürliche Gerechtigkeit bei der Verteilung von Belohnungen, Ämtern, Ehren und anderen Dingen, die allen Untertanen gemeinsam sind. Selbst Diebe und Räuber gehen von dieser Gleichheit nicht ab, wenn sie zusammenleben wollen. Derjenige also, der Ämter und Ehren nur an eine kleine Zahl von Leuten gibt, wie es notwendigerweise der Fall ist, wenn die Ämter lebenslänglich vergeben werden, entfacht die Flamme der Eifersucht und das größte Feuer, das in einem Staat lodern kann, einen Aufstand. [...]

|589| Andererseits kann man sagen, daß es das öffentliche Interesse erfordert, Ämter auf Dauer zu vergeben. Denn kaum ist man sonst über eine Aufgabe unterrichtet, muß man schon wieder das Amt aufgeben. Und kaum hat man begonnen, sein Amt zu verstehen, muß man einem anderen Platz machen. Auf diese Weise fällt der Staat in die Hände von unfähigen und unerfahrenen Leuten. [...]

|593| Vor allem zwei Fehler kann man feststellen, wenn Staaten, Familien oder Gesellschaften gegründet oder gefestigt werden sollen. Der eine besteht darin, nur die Nachteile eines Gesetzes zu sehen, ohne an die möglichen Vorteile zu denken. Der andere Fehler ist, daß man von einem Extrem ins andere verfällt, ohne eine mittlere Position einzunehmen. Man entflieht dem Wasser, um sich ins Feuer zu stürzen. Platon wollte, daß die Magistrate immerwährend sind – dies ist ein Extrem. Sein Schüler Aristoteles vermied diesen Irrtum und begab sich in das andere Extrem, indem er sagte, dies entfache das Feuer des Aufstands. Keiner von beiden unterschied zwischen den verschiedenen Staaten. Und doch ist dies der Punkt, der die Lösung des Problems bringt. [...] Es ist evident, daß gegensätzliche Staaten mit gegensätzlichen Mitteln regiert werden müssen und daß für Demokratien passende Regeln den Untergang von Monarchien bedeuten. Demokratien werden durch den dauernden Wechsel der Beamten erhalten, damit jeder gemäß seinen Fähigkeiten an den Ämtern teilhat, wie auch alle an der Souveränität teilhaben. Gleichheit, das Grundelement der Demokratien, ist am besten durch den jährlichen Wechsel der Magistrate zu erreichen. Denn ein Amt von langer Dauer weckt nur den Appetit, sich der Souveränität allein zu bemächtigen. In Monarchien dagegen, wo die Unter-

tanen nicht an der Souveränität teilhaben, soll nicht der politische Ehrgeiz der Untertanen geweckt werden. Es genügt für sie zu lernen, dem Fürsten zu gehorchen. [...] |594| Der König einer legitimen Monarchie, der seine Untertanen wie der Vater seine Kinder behandelt, wird – obwohl er nicht an die positiven Gesetze gebunden ist – Bestimmungen für die Ein- und Absetzung von Beamten niederlegen. Ehren und Ämter werden nicht unterschiedslos an alle vergeben, sondern an die, die sie verdienen. Es wird eher auf Erfahrung und Tugend geachtet als auf Empfehlungen. Der König wird einen mittleren Weg beschreiten, indem er einige Ämter für unbefristet erklärt und andere auf drei Jahre oder ein Jahr begrenzt, insbesondere die Spitzenpositionen in den Parlamenten, der Finanzverwaltung und den Provinzen. [...]

## 6. Kapitel

### *Ob es ratsam ist, daß der Fürst selbst über die Untertanen zu Gericht sitzt und daß er sich ihnen oft zeigt*

|610| Einigen mag diese Frage nicht weiter kontrovers oder diskussionswürdig erscheinen, wenn man bedenkt, daß die alten, weisen Politiker darin übereinstimmen, daß Könige zunächst für nichts anderes eingesetzt wurden, als Recht zu sprechen. [...] Der Hauptbeweggrund für einen Fürsten, Recht zu sprechen, resultiert aus der wechselseitigen Verpflichtung, |611| die zwischen dem Fürsten und seinen Untertanen besteht. Wie der Untertan dem Fürsten Gehorsam, Hilfe und Ehrerbietung schuldet, ist der Fürst zu Gerechtigkeit, Fürsorge und Schutz verpflichtet. Es genügt nicht, wenn er durch einen anderen Recht sprechen läßt, denn der Untertan muß auch persönlich seine Verpflichtungen erfüllen. Es ist weniger bedenklich, wenn der Vasall den Treueid durch einen Bevollmächtigten leistet, als wenn

der Fürst durch einen Beamten Recht sprechen läßt. Der Gehorsam des Untertanen kann bei diesem Verfahren nicht bezweifelt werden, aber der Untertan hat keine Garantie, daß der Beamte sich nicht durch Geschenke bestechen läßt. Der Fürst ist vor Gott verantwortlich, vor dem er sein Gewissen nicht entlasten kann.

Darüber hinaus ist es für die Erhaltung der Staaten von Bedeutung, daß die Inhaber der Souveränität auch selbst Recht sprechen. Das freundschaftliche Band zwischen Fürst und Untertan ist durch nichts besser zu festigen als durch einen wechselseitigen Kommunikationsfluß, der verlorengeht, wenn der Fürst nur durch Amtsträger handelt. [...] Die wahre Aufgabe des Fürsten liegt auf dem Gebiet der Rechtsprechung. |612| Er muß gegen Feinde zwar gewappnet sein, doch ist Gerechtigkeit überall und zu allen Zeiten vordringlich. [...]

|614| Doch soll auch gelten, daß lasterhafte Fürsten sich dem Volk präsentieren sollen und dadurch ihre Laster den Untertanen mitteilen? Schon das geringste Laster wirkt zersetzend. Welche andere Wirkung kann es auf das Volk haben als zum Schlechten zu verführen? Denn es ist nichts natürlicher, als daß sich die Untertanen den Sitten, den Taten und den Worten des Fürsten anpassen. [...] Da die Fürsten die Abbilder der Untertanen sind, so soll ihnen nachgeeifert werden, wenn sie vollkommen sind. Sind sie es nicht, sollen sie nicht in der Öffentlichkeit erscheinen. [...]

|616| Gesetzt den Fall, der Fürst ist tugendhaft, dann bringt eine zu große Vertraulichkeit mit den Untertanen eine gewisse Geringschätzung und Verachtung für den Souverän hervor. Dies führt ihm und seinen Anordnungen gegenüber zum Ungehorsam und zum Ruin des Staates. Wenn der Fürst andererseits sich den Untertanen nur in seiner Größe und in furchteinflößender Haltung zeigt, so wird er vielleicht mehr gefürchtet, ist aber gleichzeitig in Gefahr, weniger geliebt zu werden. Die Liebe, die die Untertanen dem Souverän entgegenbringen, ist für die Erhaltung des Staates

wichtiger als Furcht, zumal Liebe nicht ohne die Furcht sein kann, man könne den Geliebten verletzen. Doch Furcht allein ist zumeist ohne Liebe. Gott, der souveräne Fürst der Welt, zeigt den irdischen Fürsten, die seine wahren Abbilder sind, wie man den Untertanen begegnen soll. Er teilt sich den Menschen nur durch Visionen und Träume mit und nur durch eine kleine Zahl von Auserwählten und Vollkommenen. [...]

|624| Auch wenn ein Fürst Weisheit, Kenntnisse, Vorsicht, Zurückhaltung, |625| Erfahrung, Geduld und alle Tugenden hat, die man bei einem guten Richter erwartet, so ist es doch nicht unproblematisch, wenn er selbst als Richter seiner Untertanen auftritt. Die Grundregel für die Erhaltung einer Monarchie lautet, daß der Fürst ohne Verachtung geliebt und von niemandem gehaßt wird. Dies erreicht man mit zwei Mitteln. Die Bösen müssen bestraft und die Guten belohnt werden. Der gut beratene Fürst, der geliebt werden möchte, behält sich alle Belohnungen vor wie Ämter, Ehren, Pfründen, Pensionen, Privilegien, Prärogativen, Immunitäten, Exemtionen, Restitutionen und andere Gnadenerweise. Was aber Verurteilungen und Strafen angeht, so überläßt er diese den Amtsträgern. Geht er auf diese Weise vor, werden ihn die Beschenkten lieben, respektieren und verehren. Die Bestraften hingegen haben keinen Anlaß, ihn zu hassen, und werden ihren Zorn gegen die Richter wenden. Ein Fürst, der jedem Gutes tut und niemandem Schlechtes, wird überall geschätzt und nirgends gehaßt. [...][13]

13. Mit Belohnung und Strafe als Mittel der Herrschaftspraxis befaßt sich République V 4, wo die Bedeutung eines ausgewogenen Systems von Sanktionen und Belohnungen für ein stabiles Staatswesen unterstrichen wird.

## *7. Kapitel*

### *Ob der Fürst in inneren Auseinandersetzungen Partei ergreifen soll und ob ein guter Untertan zur Mitwirkung bei der einen oder anderen Partei gezwungen werden sollte. Die Mittel zur Bekämpfung von Aufständen*

|634| [. . .] Wir gehen von dem Grundsatz aus, daß Partei- und Gruppenbildungen in jedem Staat gefährlich und verderblich sind. Daher gilt es, ihnen vorzubeugen. Entdeckt man sie erst, nachdem sie entstanden sind, sollten sie geheilt oder wenigstens abgemildert werden. Ich will nicht bestreiten, daß Aufruhr und Parteiungen bisweilen etwas Gutes – ein gutes Gesetz oder eine Reform – nach sich ziehen, was ohne sie nicht eingetreten wäre. Das heißt aber nicht, daß Aufruhr nicht verderblich ist. Die positiven Resultate ergeben sich zufällig und unbeabsichtigt. Wie im menschlichen Körper die Krankheit dazu führt, daß man zur Ader gelassen und gereinigt wird, so sind Aufstände oft der Anlaß, daß die Bösen und Lasterhaften getötet oder vertrieben werden, damit wieder Ruhe einkehren kann. Oder daß schlechte Gesetze beseitigt werden, um guten Platz zu machen, die anderenfalls nicht Anerkennung gefunden hätten. Wenn man Aufstände, Faktionen und Bürgerkriege gutheißen wollte, so sagt man gleichzeitig, |635| daß Mord, Vatermord, Ehebruch und die Unterwanderung von Staaten und Reichen ebenfalls gut sind. [. . .] Wie Krankheiten verderblich für Körper und Seele sind, so bringen für Staaten Aufstände und Bürgerkriege Schaden und Verderben. Man kann vielleicht sagen, daß sie in tyrannisch regierten Monarchien der Stellung des Tyrannen nützen, der immer der Feind der Untertanen ist und dessen Herrschaft nicht von Bestand sein kann, wenn die Untertanen ihm geschlossen entgegentreten. Wir haben bereits gesehen, daß die tyrannisch regierte Monarchie die schwächste von allen Monarchien ist, weil sie sich nur durch Grausamkeiten und Bos-

heiten erhalten kann. Trotzdem enden sie meist durch Aufstände und Bürgerkriege. Wenn wir uns die gestürzten Tyranneien ansehen, so kam ihr Ende meistens durch Faktionen und Bürgerkriege. Selbst die geschicktesten Tyrannen, die ihre Mordtaten vorsichtig und nacheinander begingen, um vom Blut der Untertanen fett zu werden, und die ihr von Angst erfülltes Leben eine Weile schützen konnten, sind dem Dolch des Verschwörers nicht entgangen. [...]
|636| Sind Faktionen und Aufstände für Monarchien vom Übel, so sind sie noch gefährlicher für demokratisch regierte Staaten und Aristokratien. Monarchen können ihre Machtstellung halten und als Neutrale den Konflikt entscheiden, sich mit einer gegen die andere Partei verbünden oder die Unruhen ganz und gar unterdrücken. Wenn aber das Volk einer Demokratie gespalten ist, gibt es keine Souveränität mehr. Ebenso fehlt den in Gruppen zersplitterten Herrschenden in einer Aristokratie jemand, der sie lenken kann.
Wenn ich von Faktion spreche, so meine ich nicht eine kleine Minderheit, sondern feindliche Gruppen von beträchtlicher Größe. Wenn es sich nur um eine kleine Zahl handelte, so könnte der Inhaber der Souveränität sie dazu bewegen, ihre Differenzen der Entscheidung nicht beteiligter Richter zu überlassen. Wenn die Angelegenheit die Beteiligung des Souveräns selbst erfordert, so geschieht dies mit weisem Rat und den Überlegungen der erfahrensten Ratgeber und Magistrate, ohne die eine oder andere Partei zu bevorzugen. So erhält sich der Fürst, oder wer immer die Souveränität innehat, die Achtung auch der Verurteilten.
Wenn keine Befriedung durch ein Urteil herzustellen ist, muß der Souverän zur Gewalt greifen, um dem Ganzen ein Ende zu machen, indem die Anführer bestraft werden. Man darf nicht warten, bis sie zu stark geworden sind. Dies gilt nur für Faktionen, die nicht die Grundlagen des Staates berühren. Sind sie aber direkt gegen den Staat oder das Leben des Souveräns gerichtet, dann stellt sich nicht

die Frage, ob der Fürst Partei ergreifen soll. Wenn er es duldet, daß er oder der Staat angegriffen werden, so lädt er geradezu zur Nachahmung ein.

In der Bestrafung sollten Unterschiede gemacht werden. Ist die Zahl der Verschwörer klein, so geschieht die Strafverfolgung durch Richter und Amtsträger. Durch die Bestrafung weniger können die anderen |637| pflichtbewußte Untertanen bleiben und solche positiv beeinflussen, die noch nicht offen abgefallen sind. Es soll keine zu strenge Untersuchung durchgeführt werden, insbesondere nicht unter Anwendung von Folter. [...] Wenn es sich aber um eine große Zahl von Verschwörern handelt, die noch nicht alle entdeckt sind, so sollte der weise Fürst die Folter äußerst vorsichtig einsetzen, damit er ungefährdet sein Ziel erreicht. Denn für einen Getöteten würden sich hundert von dessen Freunden und Verbündeten erheben. [...]

|652| Sollte der souveräne Fürst – anstatt die Position des souveränen Richters einzunehmen – Partei ergreifen, so wäre er nur noch Anführer einer Partei und setzte sein Leben aufs Spiel, auch wenn der Aufstand nicht direkt gegen den Staat gerichtet ist. So ist es während der letzten fünfzig Jahre in den Religionskriegen in ganz Europa geschehen. Die Königreiche von Schweden, Schottland, Dänemark und England, die Schweizer Kantone und das deutsche Reich haben ihre Religion geändert, ohne die Staatsform zu verändern. Mehrfach ist dies zwar ohne Gewalt und Blutvergießen abgelaufen. Aber ist einmal eine Religion durch allgemeinen Konsens anerkannt, sollte nicht mehr über sie diskutiert werden. Denn alle Erörterungen über die Religion entwickeln sich zu Zweifeln. Es ist jedoch gottlos, an einer Sache zu zweifeln, von der jeder überzeugt sein sollte. [...] |653| Selbst Atheisten stimmen darin überein, daß nichts den Staat besser stabilisiert als die Religion, da sie das Fundament für die Macht der Könige und Herren, die Ausführung der Gesetze, den Gehorsam der Untertanen, die Achtung der Magistrate, die Furcht vor bösen Taten und gegenseitige Freundschaften ist. |654| Ein solcher Schatz

darf nicht durch Disputationen in Zweifel gezogen werden, denn dies zieht den Untergang des Staates nach sich. Man soll denen kein Gehör schenken, die alles einer kritischen Prüfung unterziehen. Denn nach Papinian gilt: »Summa ratio est quae pro religione facit.«
Ich erörtere hier nicht, welche Religion die beste ist (obgleich es nur eine Religion gibt, eine Wahrheit, ein von Gott selbst offenbartes göttliches Gesetz). Wenn ein Fürst, der die wahre Religion besitzt, die in Sekten und Faktionen zersplitterten Untertanen zu ihr bekehren will, so sollte er meines Erachtens keine Gewalt gebrauchen. Denn je stärkerem Zwang die Menschen unterliegen, desto störrischer werden sie. Wenn der Fürst der wahren Religion ohne Verstellung und Heuchelei anhängt, so kann sein Vorbild die Herzen der Untertanen ohne jede Gewaltanwendung bewegen. Auf diese Weise vermeidet er nicht nur Aufregung, Unruhe und Bürgerkrieg, sondern führt seine irrenden Untertanen auch zum Heil. [. . .]
|655| Die Anarchie ist schlimmer als die schrecklichste Tyrannei, weil es dann weder einen Fürsten noch Magistrate gibt. Ebenso ist der größte Aberglaube weniger abscheulich als der Atheismus. Man muß also das größte Übel vermeiden, wenn man schon die wahre Religion nicht allgemein verankern kann. [. . .]

# Buch V

## *1. Kapitel*

## *Welche Regeln man beachten muß, um die Staatsform den unterschiedlichen Temperamenten der Menschen anzupassen. Die Möglichkeiten, die Natur der Völker zu erkennen*

|663| Bisher haben wir den allgemeinen Zustand von Staaten erörtert. Wenden wir uns jetzt den Besonderheiten zu, der Verschiedenheit der Völker, um die Form des Gemeinwesens der natürlichen Umgebung und die menschlichen Gesetze den Naturgesetzen anpassen zu können. Wer umgekehrt verfährt, bewirkt in großen Staaten Unruhen oder gar den Zusammenbruch. Dennoch haben diejenigen, die Schriften über den Staat publiziert haben, diese Problematik ignoriert.

Wie wir unter den Tieren eine große Vielfalt feststellen und in denselben Tierarten regional bedingte Unterschiede bemerken können, so können wir auch von einer großen Variationsbreite in der menschlichen Natur und in den Ländern sprechen. Unter denselben klimatischen Bedingungen unterscheidet sich der orientalische vom okzidentalen Typ. Auf denselben Breitengraden unterscheiden sich die Völker der nördlichen von denen der südlichen Halbkugel. Mehr noch: bei Übereinstimmung in Klima, Längen- und Breitengrad kann man Unterschiede zwischen Orten im Gebirge und Orten in der Ebene feststellen. Sogar in derselben Stadt kann man Unterschiede in der Gemütsverfassung und den Gewohnheiten zwischen den hoch und niedrig gelegenen Stadtteilen feststellen. Daher kommt es, daß Städte, die auf ihrem Gebiet Höhenunterschiede aufweisen, eher Revolten und Veränderungen erleiden |664| als solche in ebenem Gelände. Darum hat Rom, das sieben

Hügel aufweist, auch kaum Zeiten ohne Aufruhr gehabt. [...]
|666| Es ist notwendig, daß eine weise Staatslenkung Veranlagung und Charakter des Volkes genau kennt, bevor irgendwelche Veränderungen des Staates und der Gesetze ins Auge gefaßt werden. Denn eine der wichtigsten Grundlagen, vielleicht sogar die wesentlichste Basis von Staaten besteht in der Anpassung an den Charakter der Bürger und in der Ausrichtung der Edikte und Ordonnanzen auf die Beschaffenheit des Ortes, der Personen und der Zeit. [...]

## *2. Kapitel*

### *Über die Mittel, Veränderungen von Staaten zu vermeiden, die dem übermäßigen Reichtum einiger und der extremen Armut der anderen entspringen*

|702| Die verbreitetste Ursache von Revolutionen besteht in dem übermäßigen Reichtum weniger Untertanen und der extremen Armut der Mehrzahl. Die Geschichte ist voll von Beispielen, wo die Unzufriedenen die erste sich bietende Gelegenheit ergreifen, um die Reichen ihres Besitzes zu berauben. [...] Aus diesem Grund nannte Platon Reichtum und Armut die Urübel der Staaten, nicht nur wegen der Zwangslage der Hungernden, sondern auch wegen der Schande, die eine schlimme und gefährliche Krankheit ist. Um dem vorzubeugen, befürwortete man die Gleichheit des Besitzes. Darin sei die Quelle des Friedens und der Freundschaft unter den Untertanen zu erblicken. Ungleichheit dagegen sei die Quelle für Feindschaften, Faktionen, Haß und Parteilichkeit. [...]
|704| Andererseits kann argumentiert werden, daß Gütergleichheit sehr gefährlich für Staaten ist, deren sicherstes Fundament Vertrauen ist, ohne das keine Gerechtigkeit oder irgendwie dauerhafte Gesellschaft möglich sind. Ver-

trauen entspringt Versprechungen aus Verträgen. Wenn aber Verpflichtungen aufgehoben, Verträge annulliert, Schulden beseitigt werden, was sonst kann man erwarten als die völlige Umwälzung des Staates? Denn es hätte keiner irgendwelches Vertrauen in den anderen. Zu sagen, die Gleichheit sei der Ursprung der Freundschaft, bedeutet Täuschung der Unwissenden. Denn es gibt keinen größeren Haß als zwischen Gleichen. Die Eifersucht zwischen Gleichen ist die Ursache von Unruhen, Aufständen und Bürgerkriegen. Dagegen beugen sich die Armen, Kleinen und Schwachen den Großen, Reichen und Mächtigen um der Hilfe und Vorteile willen, die sie sich erhoffen. [...]
|711| Gefährlich wird es, wenn der zahlenmäßig kleinste Stand ebensoviel besitzt wie der Rest der Bevölkerung. Dies war früher gegeben im Fall der Geistlichkeit, die – obwohl nur ein Hundertstel der Gesamtbevölkerung – den Zehnten beanspruchte und – was gegen die Bestimmungen der Urkirche war, wie selbst die Päpste zugegeben haben – durch Erbschaft bewegliche und unbewegliche Güter erwarb: Herzogtümer, Grafschaften, Baronien, Lehen, Schlösser, Stadt- und Landhäuser, Renten und Schuldverschreibungen. Die Kirche tauschte, kaufte und verkaufte und benutzte die Einkünfte aus ihren Pfründen, um andere Erwerbungen zu tätigen. Der gesamte Besitz war zudem nicht versteuert. [...] |713| Ich fälle kein Urteil darüber, ob dieser Reichtum in angemessener Weise benutzt wurde. Aber ich meine, daß eine derart große Ungleichheit vielleicht die Ursache für die Unruhen und Aufstände war, die unter dem Vorwand der Religion in fast ganz Europa gegen die Kirche ausgebrochen sind. [...]

## *5. Kapitel*

### *Ob es gut ist, die Untertanen zu bewaffnen und für den Krieg auszubilden, Städte zu befestigen und Krieg zu führen*

|750| Hier geht es um eines der wichtigsten Probleme der Politik, vielleicht um das am schwersten lösbare. Denn jede Entscheidung in der einen oder anderen Richtung kann Nachteile haben. Ich werde so kurz wie möglich aufzeigen, was mir am besten scheint. Die Entscheidung aber liegt allein bei dem weisen Staatsmann. Es ist jedenfalls zu einfach, Aristoteles zu folgen und zu sagen, daß eine Stadt gut befestigt, eine gute Ausgangsbasis für die eigene Armee und gleichzeitig für den Feind schwer zugänglich sein sollte. Das löst nicht die in verschiedenen Staats- und Regierungsformen unterschiedlichen Schwierigkeiten. [. . .]
|754| Soll man die Untertanen Waffendienst tun lassen und eher den Krieg als den Frieden anstreben? Die Antwort ist klar. Glücklich zu schätzen ist ein Staat, wo der König das Gesetz Gottes und der Natur befolgt, wo die Magistrate dem König, die einzelnen den Magistraten, die Kinder den Eltern und die Diener den Herren gehorchen, |755| wo die Untertanen untereinander und mit ihrem Fürsten durch Freundschaft verbunden sind, um den Frieden und die wahre Ruhe genießen zu können. Krieg ist das Gegenteil davon, und kriegerische Menschen sind Gegner der beschriebenen Lebensart. Religion, Gerechtigkeit, Nächstenliebe, Sicherheit, alle Wissenschaften und Künste können am besten gedeihen, wenn der Frieden gesichert ist. Ein solcher Staat macht das Militär überflüssig. Niemand haßt den Frieden mehr als ein Soldat. [. . .] Man sollte sich also hüten, die Untertanen auf den Krieg vorzubereiten oder Krieg zu führen, es sei denn im Notfall zur Abwehr von Gewalt. [. . .]
|756| Man kann aber andererseits sagen, daß unbefestigte Städte sich jedem zur Plünderung darbieten und daß das

Leben der Einwohner immer von der Gnade anderer abhängt. Offene Städte laden zur Aggression ein. [...] Es muß daran erinnert werden, daß die Menschen primär zum Zweck des Schutzes und der Verteidigung Gemeinschaften gebildet haben. Frauen, Kinder und Besitz sind nicht sicher, wenn die Städte unbefestigt sind. [...] |759| Aus demselben Grund sollten die Untertanen im Waffendienst geübt sein. Da die Erhaltung des Lebens und die Verfolgung von Dieben dem |760| göttlichen, natürlichen und menschlichen Recht entspricht, so muß man folgern, daß die Untertanen bewaffnet sein müssen, nicht nur für Defensiv-, sondern auch für Offensivzwecke, um die Guten zu schützen und die Bösen zu strafen. Diebe und Böse nenne ich diejenigen, die einen ungerechten Krieg führen und die Güter anderer rauben. Wenn man einheimische Diebe verfolgen soll, gilt das auch für fremde Räuber, welchen Königstitel sie auch tragen. Dies folgt aus dem göttlichen Gebot und dem Naturrecht.

Darüber hinaus gibt es weitere Gründe. Das beste Mittel, einen Staat innerlich zu festigen, vor Aufständen und Bürgerkriegen zu bewahren und die Freundschaftsbindungen unter den Untertanen zu erhalten, besteht in der Schaffung eines äußeren Feindes, gegen den eine gemeinsame Front gebildet werden kann. Dafür gibt es Beispiele in allen Staaten, besonders aber bei den Römern. Sie fanden gegen Bürgerkriege kein besseres Gegenmittel als die Bürger mit einem äußeren Feind zu konfrontieren. [...]

|779| Zusammenfassend sei gesagt, daß ein wohlgeordneter Staat, welcher Staats- oder Regierungsform auch immer, seine Zugänge und Grenzen befestigen und eine Armee ausgebildeter |780| Soldaten haben sollte, die nur Soldaten vorbehaltenes Land auf Lebenszeit erhalten, wie es ursprünglich mit Lehnsgut gehandhabt wurde und heute noch mit dem Timar[1] in der Türkei praktiziert wird. Bedingung ist gemäß einer alten Bestimmung unentgeltlicher Kriegsdienst für vier oder die letzten drei Monate eines Jahres. [...]

1. Militärlehen der Türkei, dessen Inhaber zum Kriegsdienst verpflichtet war.

# Buch VI

## *1. Kapitel*

### *Über die Zensur und ob es ratsam ist, die Zahl der Untertanen festzustellen und sie zu einer Offenlegung ihrer Besitzverhältnisse zu zwingen*

|835| Bis hierher haben wir in ausführlicher Weise den ersten Teil der Definition des Staates behandelt und abgeleitet, nämlich: die dem Recht gemäß geführte, mit souveräner Gewalt ausgestattete Regierung einer Vielzahl von Familien. Jetzt gilt es, vom zweiten Teil der Definition zu sprechen, nämlich von dem, was allen in einem Staat gemeinsam ist, den Finanzen, dem Staatsgut, den Staatsschulden und Einkünften, den Steuern und Zöllen, dem Münzwesen und anderen für die Erhaltung eines Staates wichtigen Aufgaben.

Sprechen wir zuerst von der Zensur. Genau definiert versteht man unter Zensus die Einschätzung des Besitzes jedes Bürgers. Wenn wir weiter unten die Finanzen behandeln wollen, ist es nötig, zuerst über die Zensur zu sprechen und zu zeigen, daß die damit befaßten Magistrate die unentbehrlichsten im Staat sind. Wenn die Notwendigkeit ihrer Aufgabe evident geworden ist, ist ihr Nutzen um so größer, sei es bei der Feststellung von Zahl und Status der Leute, sei es bei der Einschätzung des Besitzes, sei es bei der Anleitung und tadelnden Ermahnung der Untertanen. Man muß erstaunt sein, daß eine so schöne, nützliche und notwendige Sache aufgegeben wurde, seit die Griechen und Römer sie im Altertum kannten. [...] |836| Mit Vernachlässigung dieses Amtes |837| ging das Römische Reich seinem Niedergang entgegen. [...]

|839| Die Vorteile einer Volkszählung sind unendlicher Art. Kennt man Zahl, Alter und Status der Leute, dann weiß man, wie viele man zum Kriegsdienst verwenden kann, wie

viele zu Hause bleiben, |840| wie viele in Kolonien geschickt und wie viele für öffentliche Arbeiten wie Ausbesserungen oder Befestigungen eingesetzt werden können. Man kann den Bedarf an Nahrungsmitteln berechnen, die für die Einwohner einer Stadt gebraucht werden, besonders während der Belagerung durch den Feind. [...]
Einer der größten Vorteile der Zensur besteht darin, daß man erkennen kann, von welchem Stand und von welcher Herkunft jemand ist und welcher Tätigkeit er nachgeht. Dadurch kann man alle Wespen vertreiben, die den Honig der Bienen verschwenden, und die Vagabunden, Faulenzer, Diebe, Falschspieler und Kuppler verbannen, die unter guten Bürgern wie Wölfe unter Schafen leben. |841| Man kann sie herausfinden und brandmarken. [...] |846| Nur der Zensor kann dieses Ungeziefer verjagen.
Es gibt aber noch einen speziellen Grund, der zeigt, daß der Zensor nötiger ist als je zuvor. Früher gab es in jeder Familie eine hohe, mittlere und niedere Gerichtsbarkeit. Der Vater hatte über seine Kinder, der Herr über seine Sklaven in letzter Instanz souveräne Gewalt über Leben und Tod. Der Mann hatte in vier Fällen dieselbe Gewalt über seine Ehefrau. Doch heute, da all dies aufgehört hat: welche Gerechtigkeit kann man von der Pietätlosigkeit der Kinder gegenüber den Eltern, von den in Unordnung geratenen Beziehungen zwischen Eheleuten, von der Verachtung für die Meister erwarten? Wie oft sieht man, daß Töchter durch die Eltern selbst verkauft und entehrt werden. Lieber erleiden sie, im Stich gelassen zu werden, als zu heiraten. Es gibt nur ein Heilmittel: die Zensur. [...]

## *2. Kapitel*

## *Vom Finanzwesen*

|855| Wenn es stimmt, daß die Finanzen die Nerven des Staates sind, ist es nötig, gute Kenntnisse davon in drei

Punkten zu haben: 1. die Mittel, eine finanzielle Basis zu schaffen, 2. die Verwendung der Finanzen zum Nutzen und Ansehen des Staates, 3. die Anlage von Spar- und Reserveeinlagen. [...]
|856| Es gibt sieben Möglichkeiten, eine finanzielle Basis für den Staat zu erstellen: 1. die Domäneneinkünfte, 2. die Einkünfte aus Eroberungen von Feindesland, 3. Schenkungen von Fremden, 4. Tributzahlungen von Verbündeten, 5. Einnahmen aus dem Handel, 6. Einfuhr- und Ausfuhrzölle, 7. Steuereinnahmen. [...]
|877| Zur siebten Möglichkeit staatlicher Einkunftspolitik, die die Untertanen direkt berührt, sollte erst gegriffen werden, wenn alle anderen Mittel versagt haben und eine Zwangslage es erforderlich macht, für den Staat zu sorgen. In diesem Fall, wenn Schutz und Verteidigung des einzelnen von der Bewahrung des Ganzen abhängen, ist es gerechtfertigt, daß jeder mit Steuern und Auflagen belastet wird. |878| Denn es ist nach Aussage eines alten römischen Senators nichts gerechter als das, was notwendig ist. Damit eine im Krieg auferlegte außergewöhnliche Belastung im Frieden nicht fortgesetzt wird, ist es empfehlenswert, die Form einer Anleihe zu wählen. [...]

## *4. Kapitel*

### *Ein Vergleich der drei Staatsformen Demokratie, Aristokratie und Monarchie. Monarchie als beste Staatsform*

|937| Wir haben nun, wie ich meine, alle Aspekte des Staates in umfassender Weise erörtert. Es steht uns jetzt bevor, Schlußfolgerungen zu ziehen, d. h. die Vor- und Nachteile jeder Staatsform zu erörtern und die beste zu wählen. Dieser Punkt kann erst jetzt diskutiert werden, nachdem wir den Staat gründlich analysiert haben. Wir haben gesehen,

daß es nur drei Staatsformen gibt. Entweder regiert mit souveräner Gewalt das ganze Volk beziehungsweise der größte Teil des Volkes oder ein kleiner Teil der Bürger oder einer allein. Jede der drei Staatsformen kann vollkommen oder verderbt sein. Wir müssen nicht nur die verderbteste meiden, sondern auch die beste wählen.

Die Tyrannei eines Fürsten ist bösartig und diejenige vieler ist noch schlimmer. Am gefährlichsten aber ist die Tyrannis der Menge, wie Cicero sagt. Jedoch ist diese wiederum nicht so schlecht wie die Anarchie, wo es gar kein staatliches Leben gibt, niemanden, der befiehlt, und niemanden, der gehorcht. Meiden wir also die verderbten Staatsformen und wählen wir die beste aus den drei vollkommenen Formen der Demokratie, der Aristokratie oder der Monarchie. Ich werde alle Vor- und Nachteile darlegen, um ein Höchstmaß an Klarheit zu erzielen.

Man kann die Demokratie für die vollkommenste Staatsform halten, da sie ohne jede Privilegierung in allen Gesetzen nach Gleichheit und Redlichkeit strebt. Die staatliche Verfassung, so könnte man denken, folgt den Naturgesetzen, denn die Natur verteilt |938| Reichtümer, Besitztum und Ehren gleichmäßig. Auch die Demokratie behandelt alle gleich. Das kann nur geschehen, wenn alle in bezug auf Güter, Ehren und Recht ohne Privileg und Prärogative gleichmäßig behandelt werden. [...] Es gibt einen weiteren Punkt, der noch wichtiger zu sein scheint, um zu zeigen, daß die Demokratie die vollendetste Staatsform ist: die bedeutendsten Menschen sind aus Demokratien hervorgegangen, sei es auf militärischem oder rechtlichem Gebiet, seien es Redner, Juristen oder Künstler. In anderen Staatsformen verhindern Parteienkämpfe oder die Eifersucht des Herrschers derart hervorstechende Leistungen. Ja, es scheint, daß allein Demokratien die wahren Merkmale eines Staates haben. Jedermann hat am öffentlichen Gut teil, alle partizipieren am gemeinsamen Besitz, an Beute, Ehrungen und Eroberungen, während in einer Aristokratie die wenigen Herrschenden und in einer Monarchie nur ein einziger in eigene Verfügung zu nehmen scheinen, was allen gehört. Kurz: wenn man nichts wünscht als die Botmäßigkeit der Magistrate den Gesetzen und der Untertanen den Magistraten gegenüber, |939| so ist dies, wie es scheint, ebenfalls in einer Demokratie am besten gewährleistet, wo das Gesetz Gebieterin aller ist.

Dies sind die Hauptargumente, die man zugunsten der Demokratie anführen kann und die als glanzvolle Argumente erscheinen. Tatsächlich aber gleichen sie den Fäden eines Spinngewebes, die fein und dünn, aber ohne Kraft sind. Denn erstens hat es niemals einen Staat gegeben, wo die Gleichheit des Besitzes und des Ansehens beachtet worden wäre. Was Ansehen und Ehre betrifft, so wäre die Gleichheit gegen die Natur, die die einen klüger und erfinderischer als die anderen macht; die die einen zum Regieren und die anderen zum Gehorchen bestimmt; die die einen weise und zurückhaltend, die anderen wahnsinnig und verrückt sein läßt; die den einen Geisteskraft zum Lenken und Befehlen schenkt, den anderen die physische Kraft zur Ausführung der Befehle. Was die natürliche Freiheit angeht, die in Demokratien so sehr gepriesen wird, so gäbe es, würde sie verwirklicht, weder Magistrate noch Gesetze noch einen wie auch immer gearteten Staat. Es gibt aber keinen Staat, der so viel Gesetze, Magistrate und Kontrolleure aufweist wie eine Demokratie. Und was den gemeinsamen Besitz angeht, so gibt es keinen Staat, wo er schlechter verwaltet wird.

Wünscht man ein besseres Urteil, ein würdigeres Zeugnis als Xenophon? »Ich kann«, so sagt er, »den Staat der Athener nicht unterstützen, weil sie einer Staatsform anhängen, wo die Verschlagensten das Beste besitzen und die Ehrenhaften und Tugendsamen mit Füßen getreten werden.« Wenn Xenophon – der einer der größten Militärs seiner Zeit war und auf vorbildliche Weise die Handhabung von Waffen und den Gebrauch der Philosophie glücklich verband – ein solches Urteil über seinen Staat gefällt hat, der der demokratischste und unter den Demokratien der angesehenste und am besten organisierte war oder besser der am wenigsten lasterhafte, wie Plutarch sagt – welches Urteil hätte er über andere Demokratien und Ochlokratien gefällt? Machiavelli irrt, wenn er die Demokratie für die beste Staatsform hält. An anderer Stelle äußert er die Meinung, nur ein Fürst und der tyrannischste Staat der Welt könne Italien die Freiheit zurückgeben. |940| An wieder anderer Stelle bekennt er, daß Venedig der beste aller Staaten sei, das nun eine reine Aristokratie ist. So daß man nicht weiß, woran man sich halten soll. [...]

|942| Alle, die über den Staat gehandelt haben, stimmen überein, daß der Hauptzweck aller Staaten darin besteht, Ehre und Tugend zur Entfaltung zu bringen. Doch ist eine Demokratie dem entgegengesetzt. Denn sie erhält sich nach Xenophon dadurch, daß die Schlechtesten und Unwürdigsten zu Ämtern und Gewinn kommen. Denn wenn das Volk tugendhafte Männer mit Ämtern betraut, so verliert es seine Macht. Ehrliche Leute favorisieren immer ihresgleichen, die stets nur eine kleine Zahl ausmachen. Den Übelwollenden, die die Mehrheit darstellen, werden Ehren verweigert. Sie werden nach und nach durch unbestechliche Richter verurteilt. Dadurch ergreifen die Besten die Führung des Staates und entreißen ihn dem Volk.

|943| »Darum«, so berichtet Xenophon, »schenkte das Volk von Athen den Schlechtesten Gehör in dem Bewußtsein, daß diese sagen, was der Mehrheit der Schlechtesten angenehm ist. Darum tadele ich die Athener, die die schlechteste aller Staatsformen wählten. Dieser Staatsform entsprechend haben sie sich freilich vorbildlich verhalten: sie haben die weisesten und tugendhaftesten Leute verdrängt, verfolgt und verbannt und die unverschämtesten, lasterhaftesten und schlechtesten Leute gefördert. Denn die Schlechtesten sind die Grundlage der Demokratie. Niemand kümmert sich um die Gerechtigkeit. Jeder sucht den Profit und begünstigt den Meistbietenden, denjenigen, der die Mittel hat, die Reichen und Edlen zu ruinieren. Diese werden ohne Grund bedrängt, nur aus Haß gegen Menschen andersartiger Natur

und Lebensweise. Darum ist die Demokratie die Zufluchtstätte aller Lärmenden, Rebellen und Ausgestoßenen, die den einfachen Leuten Rat und Hilfe geben, um die großen zu vernichten. Niemand schenkte den Gesetzen Beachtung, denn in Athen war der Wille des Volkes Gesetz.«
So weit das Urteil Xenophons über den athenischen Staat, der nach seiner Meinung von allen Demokratien seiner Zeit am besten organisiert war und den er auch nicht geändert sehen wollte, um das Volk in seiner Machtstellung zu halten. [...]
|946| Vor dem Ende der Demokratie in Rom hatte das Triumvirat Crassus, Cäsar und Pompeius Senat und Volk in seiner Gewalt. Als zwei von ihnen getötet waren, wurde der dritte absoluter Herr. Daran sieht man, daß eine Demokratie ohne weise Staatslenker nicht existieren kann, die sich letztlich zu Herren machen.
|947| Hat sich aber nicht, so wird man sagen, in der Schweiz eine Demokratie etabliert, die seit mehr als 350 Jahren besteht? Habe man sich dort nicht von der Tyrannei freigehalten und selbst die Tyrannen der Nachbarn verjagt? Dafür gibt es eine zweifache Erklärung. Erstens sind Land und Leute geeignet für eine Demokratie. Zweitens sind die unruhigsten und aufsässigsten Leute in den Dienst fremder Fürsten getreten, so daß die Masse des einfachen Volkes leicht zu lenken ist und sich wenig um den Staat kümmert. Die Herrschenden sind eng miteinander verbunden; ganz wie die, die nachts unterwegs sind oder auf einem glatten Weg gehen, sich an den Händen halten. Dadurch bewahren sie ihren Staat vor der Gewalt eines Königs, wie es auch die Athener und Thebaner gemacht haben. Darüber hinaus wird das Fundament ihrer Demokratie vom Blut des Adels und der Reichsten – vor allem seit der Schlacht von Sempach[1] – zusammengehalten. [...]
|948| Nach Meinung antiker Denker sollte, um eine Demokratie stabil zu erhalten, auf Gleichheit der Untertanen

1. Schlacht von Sempach 1386, in der das eidgenössische Fußvolk über das Ritterheer Leopolds III. von Österreich siegte.

hinsichtlich Besitz, Ehren, Macht und Belohnungen abgezielt werden. Wenn jemand tugendhafter, gerechter oder weiser als die anderen war, verbannte man ihn. Man wollte alle gleichmachen, so weit es eben ging. Platon wollte, daß auch Frauen und Kinder allen gehören sollten, damit niemand sagen kann: das ist mein und das ist dein. Denn diese beiden Wörter, so behauptet Platon, sind die Ursachen für Erschütterungen und Umstürze in allen Staaten.

Aus dieser Ansicht resultieren große Ungereimtheiten. Denn dadurch ruiniert sich eine Bürgergemeinde und wird, wie Aristoteles sagt, zu einem Haushalt, obwohl doch ein Haushalt oder eine Familie – das wahre Abbild des Staates – nur ein Oberhaupt hat. [...] Wenn es gut sein soll, alle Bürger zu einer Familie zu vereinen und den Staat zur Familie zu erklären, so muß man die Vielzahl der Oberhäupter, die es in einer Demokratie gibt, beseitigen, um einen Monarchen als das wahre Familienoberhaupt einsetzen zu können. Und man muß die allgemeine Gleichheitsvorstellung aufgeben, da sie mit dem Begriff der Familie unvereinbar ist. Die größte Schwierigkeit besteht jedoch in der Beseitigung der Begriffe MEIN und DEIN. Dadurch zerstört man das Fundament der Staaten, die vor allem darum gegründet wurden, das Eigentum gemäß dem göttlichen Gebot zu schützen. Gott will, daß das Privateigentum geschützt wird, und wir können nicht sagen, daß die Natur alle Dinge gleich geschaffen hat. Denn das Gesetz der Mutter ist dem des Vaters nicht entgegengesetzt, wie Salomon feststellt, indem er das Gebot Gottes und das Naturgesetz allegorisch darstellt. Die wahre Freiheit des Volkes |949| besteht in nichts anderem als das Eigentum in Sicherheit nutzen zu können, ohne Furcht vor Beeinträchtigung der Ehre, des Lebens, der Gattin oder der Familie – alles dessen, was selbst Diebe zu bewahren trachten.

Was die Fähigkeit zu herrschen angeht, die die Befürworter einer Demokratie allen in gleicher Weise zusprechen wollen, so ist dies noch unvernünftiger. Denn Weisheit und Voraussicht sind nicht allen gleichmäßig gegeben, und es ist nötig,

in einer Demokratie die besten Magistrate auszuwählen, um Anordnungen zu erlassen und dem Recht zur Wirkung zu verhelfen. Mehr noch: wo es weder Souveränität noch Staat gibt, ist das Volk gezwungen, einen Magistrat oder Befehlshaber zu bestimmen, um zu regieren und Recht zu sprechen. In dem afrikanischen Land Guzula,[2] wo es weder einen König noch eine Staatsform gibt, wählt das Volk am Markttag einen Befehlshaber, der Recht spricht und die Handelswege sichert. [...]
Wer wollte nicht erkennen, daß es Menschen gibt, die weniger Einsicht haben als wilde Tiere? Und andere Menschen, bei denen die göttliche Erleuchtung so klar hervortritt, daß sie eher Engeln gleichen als Menschen. Dennoch wollen die Befürworter des Gleichheitsgedankens die Souveränität über Leben, Ehre und Besitz ebenso den Wilden, Dummen und Unbeherrschten geben wie den Weisen und Erfahrenen. Denn die Stimmen in Volksversammlungen werden gezählt und nicht gewogen. Die Zahl der Narren, Schlechten und Dummen ist tausendmal größer als der Ehrlichen. [...]
|950| All dies führe ich an, um die Nachteile einer Demokratie deutlich zu machen und um diejenigen zur Vernunft zurückzuführen, die die Untertanen aus dem Gehorsamsverhältnis gegenüber ihrem Fürsten in der irrigen Hoffnung herauslösen wollen, ihnen in einer Demokratie die Freiheit geben zu können. Eine Demokratie ist die verderblichste Tyrannei, die man sich vorstellen kann, wenn sie nicht von einigen weisen und tugendhaften Männern regiert wird. Darum haben die am besten regierten Schweizer Kantone zwar eine demokratische Staatsform, aber eine aristokratische Regierungsform. [...]
|951| Untersuchen wir nun, ob die Aristokratie besser als alle anderen Staatsformen ist, wie manche denken. Wenn wir davon ausgehen, daß von allen Dingen stets das Gemäßigte vorzuziehen ist und man die Extreme meiden soll,

2. Hierbei handelt es sich um einen Berberstamm und die gleichnamige Provinz im heutigen südlichen Marokko zwischen Hohem Atlas und Antiatlas.

so folgt daraus, daß man sich an das Mittlere hält. Dies ist die Aristokratie, wo weder einer noch alle die Souveränität besitzen, sondern eine begrenzte Zahl. [...] Ein anderes nicht weniger bedeutsames Argument zugunsten der Aristokratie als der besten Staatsform ist, daß die souveräne Befehlsgewalt den Würdigsten zufallen soll. Würde ist nur in Verbindung mit Tugend, Adel oder Reichtum zu verstehen. Ob man eine dieser Eigenschaften auswählt oder alle drei kombiniert – stets ergibt sich als Staatsform eine Aristokratie. Denn die Adligen, Reichen, Weisen und Tapferen stellen immer und überall eine Minderheit dar. Aufgrund natürlicher Vernunft liegt es nahe, daß Herrschaft aristokratisch sein soll, wo eine Minderheit den Staat innehat, genauer: wo nur die Besten zur Regierung zugelassen sind.

Man kann sogar den Standpunkt vertreten, daß die Souveränität nur bei den Reichsten liegen soll, da sie das größte Interesse an der Erhaltung des Staates haben. Dies ist der Fall, weil sie |952| größere Verantwortung als die Armen tragen, die nichts zu verlieren haben und den Staat bei Bedarf im Stich lassen. Darum übertrug Q. Flaminius[3] nur den reichsten Städten in Thessalien die Herrschaft, da sie nach seiner Meinung das größte Interesse an der Erhaltung des Staates hatten.

Die Aristokratie scheint notwendigerweise der beste Staat zu sein, denn in Demokratie wie Monarchie, wo Volk beziehungsweise König über die Souveränität verfügen, sind die Souveräne de facto auf den Senat oder den Staatsrat angewiesen, wo oft genug die Entscheidung fällt. Tatsächlich handelt es sich immer um eine Aristokratie. Sind König oder Volk so schlecht beraten, anders als mit Hilfe eines weisen Rats zu regieren, ist der Ruin unvermeidlich.

Ich lasse weitere Gründe, die für die Aristokratie sprechen, an dieser Stelle fort. Doch sind alle diese Argumente noch nicht zureichend. Die goldene Mitte, nach der jeder sucht,

3. Gemeint ist wohl Titus Quinctius Flamininus, der 196 v. Chr. die Freiheit Griechenlands proklamierte.

existiert nicht in quantitativer Form, sondern nur im Bereich von Argumentation und Vernunft, wie alle Philosophen bestätigen. [...] Die Nachteile, die wir bei der Betrachtung der Demokratie feststellten, bestehen auch in der Aristokratie, nämlich in Hinblick auf die Vielzahl der Herrschenden. Je größer ihre Zahl, desto mehr Faktionen gibt es, desto schwieriger – und oft genug unmöglich – ist die Beschlußfassung. Darum sind diejenigen Aristokratien von größter Dauer, die die kleinste Zahl an Herrschenden aufweisen. [...]

|954| Es ist für eine kleine Zahl von Herrschenden sehr schwierig, ihre Herrschaft gegen das ganze Volk zu behaupten, wenn dies am Staatsleben keinerlei Anteil hat, zumal die Herrschenden in der Regel das Volk verachten und die Armen die Mächtigen hassen. Bei der geringsten Meinungsverschiedenheit innerhalb der Gruppe der Herrschenden – was unvermeidlich ist, wenn sie tatkräftig und kriegerisch sind – werden sich die Ehrgeizigsten auf die Seite des Volkes schlagen und die Staatsform der Aristokratie zerstören. [...]

|958| Die Basis der Aristokratie ist der Konsens der Herrschenden. Sind sich alle einig, regieren sie besser als das Volk. Ist dies aber nicht der Fall, gibt es keine Staatsform, die unter größeren Schwierigkeiten stabil gehalten werden kann. Dies gilt besonders für Militäraristokratien, denn nichts ist mehr gegen die Natur von Militärs als die Bewahrung des Friedens. Es ist nicht weiter erstaunlich, daß die Aristokratien von Venedig, Ragusa und Lucca über Jahrhunderte hinweg Bestand hatten. Sie verzichteten auf kriegerische Aktivitäten und gingen Handels- und Bankgeschäften nach. [...]

|959| So viel über die Vor- und Nachteile von Demokratie und Aristokratie. Es bleibt jetzt übrig, etwas über die Monarchie zu sagen, die alle großen Männer den anderen Staatsformen vorgezogen haben. Dennoch ist sie mehreren Gefahren ausgesetzt. Im Fall der Thronfolge wechselt der Inhaber der Souveränität, ein Wechsel, der in allen Staatsfor-

men gefürchtet wird. Beim Thronwechsel erlebt man in der Regel neue Zielvorstellungen, neue Gesetze, neue Beamte, neue Freunde, neue Feinde, neue Sitten, neue Lebensformen. Alle Fürsten lieben diese Neuerungen, um von sich reden zu machen. Dies bringt oft Nachteile mit sich, nicht nur für die einzelnen Untertanen, sondern für den gesamten Staat. Auch wenn der Fürst der weiseste ist, den man sich wünschen kann: die Allianzen und Verträge seines Vorgängers enden mit dessen Tod. Dies hat kriegerische Konflikte und das Diktat des Stärkeren zur Folge, |960| was in Demokratie und Aristokratie, wo der Souverän nicht stirbt, nicht passiert, denn sie schließen ewige Bündnisse. [. . .] Der andere Nachteil der Monarchie ist die Gefahr des Bürgerkriegs, wenn es – besonders in einer Wahlmonarchie – mehrere Thronbewerber gibt. [. . .]

|961| Die der Monarchie innewohnenden Gefahren sind groß. Aber es gibt größere Gefährdungen in Aristokratien und noch größere in Demokratien. Die meisten Gefahren werden in Monarchien vermieden, wenn es sich um Erbmonarchien handelt. Aufstände, Abspaltungen und Bürgerkriege bedrohen alle Staaten, und der Kampf um die Macht ist in Aristokratien und Demokratien härter als in einer Monarchie, die vom Todesfall des Fürsten einmal abgesehen (und dann auch nicht allzu häufig) keine Auseinandersetzung um die Staatsmacht kennt. Das hervorstechende Merkmal des Staates, das Souveränitätsrecht, kann es im strengen Sinn nur in einer Monarchie geben, denn niemand als nur ein einziger kann im Staat souverän sein. Sind es zwei, drei oder mehrere, so ist keiner souverän, weil niemand seinem Mitregenten Gesetze |962| auferlegen noch Gesetze von ihm empfangen kann. So sehr man sich als Träger der Souveränität auch eine Körperschaft aus mehreren Herren oder aus dem Volk vorstellen kann, so fehlt doch ein Oberhaupt mit souveräner Gewalt, um alle miteinander zu einen. Ein einfacher Magistrat ohne souveräne Gewalt kann dies nicht leisten.

Wenn die herrschende Schicht oder das Volk gespalten sind,

wie es oft vorkommt, ergibt sich die Notwendigkeit, zu den Waffen zu greifen. Auch wenn die Mehrheit einer Meinung ist, kann es leicht passieren, daß die Minderheit über genug Truppen verfügt und einen Führer wählt, der gegen die Mehrheit Front macht und den Sieg davonträgt. Man kennt die Schwierigkeiten, die in Demokratien und Aristokratien bestehen, wenn von den Magistraten unterschiedliche Positionen bezogen werden. Die einen wollen den Frieden, die anderen den Krieg; die einen wollen dieses, die anderen jenes Gesetz; die einen diesen, die anderen jenen Befehlshaber; die einen ein Bündnis mit dem König von Frankreich, die anderen mit dem König von Spanien. [...] Immer wird der Mehrheitspartei geglaubt, obwohl die Weisen und Tugendhaften stets in der Minderheit sind. So muß der bessere und vernünftigere Teil des Volkes aufgrund des Diktats eines unverschämten Tribunen oder eines frechen Schwätzers stets der großen Zahl folgen. Der souveräne Monarch dagegen kann sich für die Vernunft und die Minderheit entscheiden und erfahrene Experten hinzuziehen, während in Demokratie und Aristokratie alle – die Weisen wie die Einfältigen – Zugang |963| zum Staat und den Ständen haben. Für ein Volk oder die Gruppe der Herrschenden ist es weder möglich, mit souveräner Gewalt zu herrschen, noch etwas in die Wege zu leiten, was nur durch eine Person geleistet werden kann, wie etwa das Kommando über eine Armee. Man muß zu diesem Zweck Magistrate oder Bevollmächtigte einsetzen, die niemals die souveräne Gewalt haben, noch die Autorität, noch die Majestät eines Monarchen. Welche Vollmacht sie auch immer im Namen des Staats haben, sei es eine Demokratie oder Aristokratie, im Kriegsfall oder bei innenpolitischen Schwierigkeiten setzen sie einen Diktator wie einen souveränen König ein und erkennen dadurch an, daß die Monarchie der Anker ist, an den man sich im Notfall klammert. [...]

|966| Viele denken fälschlicherweise, eine Aristokratie sei die beste Staatsform, weil viele zu einem besseren Urteil kommen als einer, weil viele mehr Weisheit und Beratung

haben. Aber es besteht ein entscheidender Unterschied zwischen Beratung und Befehl. Der Rat vieler ist vielleicht besser, weil viele mehr sehen als nur einer. Aber um zu entscheiden und zu befehlen, ist einer besser als viele. Nach Berücksichtigung aller Ratschläge wird er ohne weitere Erörterung entscheiden, was mehrere nicht ohne weiteres erreichen können. Unter gleichberechtigten Herren ist der Ehrgeiz so groß, daß es immer einen gibt, der lieber den Untergang des Staates sieht als zu erkennen, daß ein anderer weiser ist. Andere erkennen es wohl, aber Stolz und Furcht vor Reputationsverlust verhindern einen Meinungswechsel. Es ist notwendig, einen souveränen Fürsten zu haben, der die Macht hat, allein eine Entscheidung zu treffen, nachdem die Überlegungen im Staatsrat abgeschlossen sind. [...]

|968| Es ist unnötig, weiter darauf zu bestehen, daß die Monarchie die beste Staatsform ist. Wir haben gesehen, daß die Familie, das wahre Abbild des Staates, nur ein Oberhaupt haben kann. Alle Naturgesetze deuten auf die Monarchie, ob wir nun den Mikrokosmos eines Körpers betrachten, dessen Glieder vom Kopf gesteuert werden, oder den Makrokosmos der ganzen Welt, der nur einen souveränen Gott hat. Blicken wir zum Himmel, sehen wir nur eine Sonne. Selbst die Tiere haben niemals mehrere Führer. [...] Die Völker der Erde, angeleitet von natürlicher Vernunft, haben seit alters her als Staatsform die Monarchie gewählt. [...] |969| Man wundert sich zu Recht, wenn man zwei oder drei von hundert Staaten sieht, die über mehrere Jahrhunderte Bestand haben, obwohl sie der natürlichen Ordnung nicht entsprechen. Aber man ist keineswegs erstaunt, viele große und mächtige Monarchien über 1000 oder 1200 Jahre existieren zu sehen, denn sie folgen den Gesetzen der Natur. [...]

|971| Von den drei gemäßigt regierten Staatsformen ist die Monarchie die hervorragendste. Von den desorganisierten Staaten ist die Demokratie die fehlerhafteste Staatsform. Eine legitime Monarchie kann sich wie ein starker Körper

leicht erhalten. Demokratien und Aristokratien dagegen sind vielen Krankheiten ausgeliefert. [...]

## 6. Kapitel

## Über distributive, kommutative und harmonische Gerechtigkeit und ihre Beziehung zur monarchischen, aristokratischen und demokratischen Staatsform

|1013| Es genügt nicht, die Monarchie als die beste und angenehmste Staatsform zu bezeichnen, wenn man nicht hinzufügt, daß die legitime Monarchie gemeint ist. Auch genügt es nicht, diese als die beste zu bezeichnen, wenn man darüber hinaus nicht aufzeigt, daß sie durch die aristokratische und demokratische Regierungsform gemäßigt werden muß, d. h. durch die harmonische Gerechtigkeit, die zusammengesetzt ist aus der distributiven oder geometrischen und der kommutativen oder arithmetischen Gerechtigkeit. Diese Formen der Gerechtigkeit sind der Aristokratie beziehungsweise der Demokratie eigen.[4] Dadurch ist es möglich, daß die monarchische Staatsform einfach und nicht zusammengesetzt ist, die Regierungsform aber zusammengesetzt und gemäßigt. Die drei Staatsformen bleiben unvermischt. [...]

|1051| Wie die Aristokratie auf dem geometrischen Prinzip beruht und aristokratisch, d. h. von den Adligen und Reichen regiert wird und den Armen nichts als Unterwerfung

4. Dieser recht formale und inhaltlich leere Gerechtigkeitsbegriff Bodins unterscheidet: 1. das demokratisch-ausgleichende Prinzip der Gleichheit der Zahl, was einer arithmetischen Reihe entspricht; 2. das aristokratische Maß des Zuwachses in Form einer geometrischen Reihe; 3. das diese beiden Möglichkeiten kombinierende Prinzip der Monarchie, das eine harmonisch-gemäßigte Gerechtigkeit gewährleistet. Näher dazu République VI 6, S. 1015 ff. Vgl. auch M. Villey, La justice harmonique selon Bodin, in: Jean Bodin. Verhandlungen der internationalen Bodin-Tagung in München. Hrsg. von H. Denzer, München 1973, S. 69 ff.

und Gehorsam läßt; wie die Demokratie auf dem arithmetischen Prinzip basiert und Geld, Beute, Eroberungen, Ämter, Ehren und Pfründen ohne Rücksicht auf hoch- und niedriggestellte Bürger, auf Adlige und Nichtadlige gleichzeitig verteilt – so ist eine Monarchie notwendigerweise nach dem Prinzip der Harmonie zusammengesetzt. Handelt es sich um eine legitime, d. d. harmonisch regierte Monarchie,[5] so besteht nicht der geringste Zweifel, daß kein Staat besser, glücklicher und perfekter ist als eine solche Monarchie.

Ich spreche hier nicht von der despotischen Monarchie, wo der Monarch wie in einem natürlichen Herrschaftsverhältnis die Untertanen wie Sklaven behandelt und nach Gutdünken über ihr Eigentum verfügt. Und noch weniger meine ich eine tyrannische Monarchie, wo der König, der nicht der natürliche Herr ist, über Untertanen und deren Eigentum willkürlich verfügt und, was noch schlimmer ist, wo er sie zum Gegenstand seiner Grausamkeit macht. Ich spreche vielmehr von einem legitimen König, sei er nun durch Wahl, Erbfolge oder Eroberung König. Er behandelt seine Untertanen wie ein Vater seine Kinder und sorgt für Gerechtigkeit unter ihnen.

Er kann sein Königreich demokratisch regieren und dem Gleichheitsgrundsatz verpflichtet sein. Dann macht er alle Ämter unter Anwendung des Los- oder eines Rotationsverfahrens für alle Untertanen zugänglich, ohne Rücksicht auf ihre Verdienste und Eignung. |1052| Es gibt allerdings nur wenige oder gar keine Monarchien dieser Art. Ebenso kann der König seinen Staat aristokratisch regieren, indem er Ämter und Ehrungen, Strafen und Belohnungen nach dem geometrischen Prinzip verteilt und nur Adlige oder Reiche auswählt. Arme Bürger, die nicht adlig sind, werden ohne Rücksicht auf Verdienste und Tugenden ausgeschlossen. Allein Geld oder Geburt geben den Ausschlag.

Beide Regierungsformen sind schlecht, doch ist die aristo-

5. Siehe dazu République II 2.

kratisch regierte Monarchie erträglicher, da sie der Harmonie am nächsten kommt. Denn es kann sein, daß der König sich aus Angst vor dem gemeinen Volk mit dem Adel verbündet, der ihm wesensmäßig näher steht als die Nichtadligen. Mit diesen hat er keinen Kontakt und zu ihnen kann sich seine Majestät nicht herabbegeben, was nötig wäre, sollten sie am Staat teilhaben. Aber diese Regierungsart ist schlecht und verderblich, nicht nur für das einfache Volk, sondern auch für Adel und Fürst. Denn dieser würde in der Furcht vor der unzufriedenen Masse leben, die zahlenmäßig immer größer ist als der Adel und die Reichen. Wenn das Volk zu den Waffen greift, ist es die stärkere Partei, kann sich gegen den König erheben, den Adel verjagen und sich gegen die Staatsgewalt stellen, wie es in der Schweiz und anderen Staaten geschehen ist. Die Erklärung dafür liegt auf der Hand. Das gemeine Volk ist durch keinerlei Bande mit dem Fürsten oder dem Adel verbunden. [. . .]

|1054| Ein weiser König folgt darum bei der Regierung seines Königreichs dem Gedanken der Harmonie und verbindet sorgfältig Adlige und Gemeine, Reiche und Arme, und zwar derart, daß die Adligen immer irgendwie im Vorteil sind. Es ist vernünftig, wenn einem Edelmann, der als Jurist oder Soldat ebenso qualifiziert ist wie ein Nichtadliger, auf diesen Gebieten der Vorzug gegeben wird. Oder daß ein Reicher gegenüber einem gleich befähigten Armen bei Ämtern bevorzugt wird, die eher Ehre als materiellen Profit bringen. Umgekehrt gilt das Entsprechende, so daß beide zufriedengestellt sind, denn der Reiche sucht nur nach Ehren, während der Arme nach Gewinn strebt. [. . .]

|1055| Es ist besser, einen Adligen mit einem Nichtadligen, einen Reichen mit einem Armen, einen Jungen mit einem Alten zusammenarbeiten zu lassen, als zwei Adlige, zwei Reiche, zwei Arme oder zwei Junge, die meist in Streit liegen und sich bei ihrer Aufgabe gegenseitig behindern. Dies ist ganz natürlich, da es nirgends so viel Eifersucht gibt wie bei zwei Gleichen. Darüber hinaus ergibt sich der Vorteil,

daß dadurch jeder die Vorrechte seines Standes verteidigt. Dies kann man bei unseren Gerichtshöfen, Korporationen und Kollegien beobachten, die von allen sozialen Gruppen beschickt werden. Die Gerechtigkeit ist besser gewahrt, als wenn ihre Mitglieder nur einem Stand angehörten.
Es gibt kein Mittel, die Kleinen mit den Großen, die Nichtadligen mit den Adligen, die Armen mit den Reichen zu verbinden, außer durch die Vergabe von Ämtern und Würden an diejenigen, die sie verdienen. Aber Verdienste sind unterschiedlichster Art. Will man nämlich Staatsämter nur tugendhaften Leuten übertragen, so wäre der Staat stets in Unordnung, da Tugendhafte immer nur in kleiner Zahl vorhanden sind und leicht von der Mehrheit überrannt werden können. Aber indem man tugendhafte Leute bald mit Adligen, bald mit Reichen – auch wenn diese keineswegs Tugend besitzen – zusammenbringt, so fühlen sie sich geehrt, mit Tugendhaften zusammengebracht worden zu sein und die Sprossen der Ehrenleiter zu erklimmen. So ist der Adel zufrieden, daß er bei der Verteilung von Ehren respektiert wird, und andererseits sind die Nichtadligen dankbar und fühlen sich geehrt, wenn der Sohn eines armen Arztes Kanzler in einem großen Königreich und ein kleiner Soldat schließlich Connétable wird, wie es mit Michel de L'Hôpital[6] und Bertrand du Guesclin[7] geschehen ist, um nur diese von vielen zu nennen, die aufgrund ihrer Fähigkeiten zu den höchsten Ämtern aufgestiegen sind. Dagegen empfindet man in allen Ständen Ungeduld, |1056| wenn Unwürdige einen solchen Aufstieg erleben, obwohl es manchmal unvermeidlich ist, Ämter auch an Unfähige und Unwürdige zu geben. Voraussetzung ist, daß dies nur selten geschieht, damit ihre Unwissenheit oder Bosheit keinen Schaden anrichten können. [. . .]
Der souveräne Fürst steht hoch über allen Untertanen, und seine Majestät, die keinerlei Teilung zuläßt, verkörpert den

6. Michel de L'Hôpital, 1504–73, war 1561–68 Kanzler.
7. Bertrand du Guesclin, 1320–80, wurde 1370 Connétable von Frankreich.

Gedanken der Einheit. Die Macht aller und ihr Zusammenhalt ist davon abgeleitet. Die drei Stände sind |1057| wie in jedem gut regierten Staat angeordnet. Die Geistlichkeit ist wegen ihrer Würde und Nähe zu Gott der erste Stand, der aus Adligen und Nichtadligen besteht. Dann folgen die Waffenträger, die sich ebenfalls aus Adligen und Nichtadligen zusammensetzen, und schließlich das gemeine Volk der Gelehrten, Kaufleute, Handwerker und Arbeiter. Jeder der Stände hat an Ämtern, Pfründen, Rechtsprechung und Ehrenämtern teil, entsprechend den Verdiensten und Qualifikationen der einzelnen. Dadurch bildet sich eine Harmonie der einzelnen Untertanen untereinander sowie zwischen ihnen und dem Fürsten. [. . .]
Auch Aristokratien und Demokratien erhalten und lenken ihren Staat. Aber sie sind nicht so gut geeint und gefestigt, wie es der Fall wäre, wenn sie einen Fürsten hätten, der alle Parteien einigt und sie zusammenfügt. [. . .]

# Zu dieser Ausgabe

So intensiv die Bodin-Forschung in den letzten Jahren vorangetrieben wurde, so desolat sind ihre Arbeitsbedingungen. Es gibt bis heute, rund vierhundert Jahre nach der ersten Veröffentlichung der *République*, keine kritische Ausgabe. Man möchte hoffen, daß der Plan des Deutschen Historischen Instituts in Paris, die Werke Bodins zu edieren, realisiert und zügig vorangebracht werden kann. Vorerst ist man gezwungen, sich mit dem Faksimiledruck der Ausgabe von 1583 (Aalen 1961) zu begnügen, der von der Mehrzahl der neueren wissenschaftlichen Veröffentlichungen zitiert wird und der auch als Vorlage zu dieser Auswahl und Übersetzung diente. Der Leser hat so die Möglichkeit, eine relativ leicht erreichbare Fassung des Originals ergänzend heranzuziehen und rasch die übersetzten Passagen im Original aufzufinden. Die Seiten der Originalausgabe sind hier in | | angegeben.

Eine Auswahl stellt naturgemäß stets eine Notlösung dar, scheint aber unter dem Gesichtspunkt eines Studientextes gerechtfertigt zu sein. Ziel war es, über kurze Auszüge in Quellensammlungen hinaus zentrale Partien der *République* erstmals in neuer deutscher Übersetzung zugänglich zu machen. Das monumentale Hauptwerk Bodins hat etwa den zehnfachen Umfang der hier getroffenen Auswahl, doch wurde versucht, die wichtigsten Linien der Gedankenführung wiederzugeben. Auf die Fülle der von Bodin angeführten historischen Beispiele und Belege, die den enzyklopädischen Charakter des Werkes ausmachen und nicht selten die Argumentation überwuchern, wurde hier weitgehend verzichtet.

Bei der Übersetzung konnte es sich nicht darum handeln, die Sprache des 16. Jahrhunderts zu konservieren. Begriffe, Formulierungen und Syntax wurden so eng wie eben nötig an der Vorlage ausgerichtet, andererseits so frei wie möglich übertragen. Für verschiedene Hinweise zu diesen Problemen bin ich Dr. A. Cremer (Deutsches Historisches Institut Paris) zu Dank verpflichtet.

Die Anmerkungen zum Text beschränken sich auf ein Minimum und wurden dort hinzugesetzt, wo Erläuterungen zu von Bodin erwähnten Personen oder Sachverhalten angebracht schienen oder die lateinische Fassung der *République* zusätzlichen Aufschluß versprach.

# Nachwort

## *1. Bodins Leben und Werk*

Die Schriften politischer Denker, zumal der ›Klassiker‹ unter ihnen, werden nicht selten einem einseitig geistesgeschichtlich orientierten Ansatz unterworfen, der dazu neigt, dogmengeschichtliche Zusammenhänge und ahistorische Normenbildungen hervorzubringen. Politische Ideengeschichte gerät bei diesem Verfahren zu einer entmaterialisierten Interpretation, wenn eine rein immanente Deutung die Texte autonom setzt und darüber den konkreten politisch-sozialen Kontext vernachlässigt, in dem die Ideenträger gestanden haben. Was in den Texten zunächst als zeitlose politische Philosophie erscheinen mag, entpuppt sich bei näherer Analyse oft genug als situationsbezogene zeitgeschichtliche Reflexion des Autors.[1] In besonderem Maß gilt dies für Jean Bodin, der in der zweiten Hälfte des 16. Jahrhunderts in umfassender Weise die politischen, sozialen und ökonomischen Probleme des frühmodernen Staates in Europa erkannt und beschrieben hat, bevor in einer fortgeschritteneren Phase des postfeudalen Staates und seiner Gesellschaft im England des 17. Jahrhunderts dieser Fragenkomplex vor allem von Hobbes und Locke wiederaufgenommen wurde. Bodins Anschauungsmaterial stammt aus dem Frankreich der religiösen Bürgerkriege, des Kampfes konkurrierender Adelsparteien um die Staatsmacht, die einer vom Autoritätsverfall gezeichneten Krone zu entgleiten drohte und zeitweilig auch entglitt. Die allgemeine politische Unsicherheit ging Hand in Hand mit einer in das tägliche Leben jedes einzelnen unmittelbar eingreifenden rapiden Geldentwertung bei ständig steigendem Finanzbedarf des Staates und mit Bewegungen im sozialen Gefüge, die Teile des Adels als traditionell privilegierter Schicht in einer defensiven Position gegenüber dem finanziell und wirtschaftlich stärkeren Bürgertum sahen, dessen Aufstieg die Anfänge der neuen bürgerlichen Marktgesellschaft signalisierte. Mit anderen Worten: die Symptome einer krisenhaften Veränderung traten gegenüber der ersten Hälfte des Jahrhunderts und der stabilen Monarchie Franz' I. (1515 bis 1547) deutlich hervor. Bodins Werk machte wie kein zweites diese Krisen bewußt. Indem er sie rational durchschaubar zu machen versuchte, hoffte er, praktische Auswege aufzeigen und die Zukunft kalkulierbarer gestalten zu können.

Kindheit und frühe Jugend Bodins fielen noch in die Regierungszeit Franz' I. Das genaue Geburtsdatum ist unbekannt. Auch andere biographische Einzelheiten werden nie mit letzter Sicherheit zu klären sein, da die Häufigkeit des Namens Jean Bodin eine exakte Identifizierung der in den Quellen genannten Personen oft erschwert oder gänzlich verhindert.[2] Bodin wurde zwischen Juni 1529 und Juni 1530 geboren. Er entstammte einer relativ wohlhabenden, auch über Grundbesitz verfügenden und gesellschaftlich angesehenen Bürgerfamilie aus der Universitäts- und Bischofsstadt Angers. Doch bewegten sich die finanziellen Möglichkeiten des Vaters, der Schneidermeister war, in klar abgesteckten Grenzen, so daß sich für den jüngeren Sohn Jean vornehmlich zwei Berufsperspektiven abzeichneten: in den Dienst der Kirche zu treten oder Jurist zu werden. Gefördert vom Bischof seiner Heimatstadt beschritt er zunächst den ersten Weg und erhielt eine Ausbildung in den Karmeliterklöstern von Angers und Paris. In Paris kam er mit den neuesten wissenschaftlichen Fragestellungen, insbesondere mit der ramistischen Philosophie,[3] in Berührung und ließ bald den von der Scholastik bestimmten Umkreis der Klosterschule hinter sich. Es ist ungewiß, ob er in einen Häresieprozeß verwickelt war und sich für kurze Zeit im calvinistischen Genf aufhielt. Biographisch gesichert ist allein, daß er 1549 von seinem Mönchsgelübde entbunden wurde und alsbald das Studium des römischen Rechts an der auf diesem Gebiet in Frankreich führenden Universität von Toulouse aufnahm.[4] Hier war er auch als akademischer

Lehrer tätig und erarbeitete sich die Grundlagen für sein späteres wissenschaftliches Werk. Die Frage der Souveränität, deren Behandlung seinem Werk epochalen Charakter verleiht, wurde zum erstenmal in intensiver Weise Gegenstand seines Nachdenkens über den Staat.
Wir wissen nicht, ob Bodin eine Lebensstellung als Universitätslehrer angestrebt hat und dabei erfolglos blieb, oder ob er von Anfang an die praktische juristische Arbeit anstrebte, der er – ohne allerdings die wissenschaftliche Arbeit aufgeben zu müssen – seit 1561 als Advokat am Pariser Parlament nachging. Freilich waren es nicht die akademische Abgeschiedenheit und die theoretisierende Analyse, die seiner Natur und Begabung am besten entsprachen, sondern die politische Öffentlichkeit und die empirisch gesättigte Darstellung. Konkrete Anschauung und Praxisbezogenheit rangieren in Bodins *science politique* vor abstrakter Begriffsbildung. Um Gegenstände des politischen und sozialen Lebens in den Griff bekommen und Aussagen über die beste Staats- und Regierungsform machen zu können, galt es nach seiner Überzeugung, die Erfahrungswerte der Geschichte zu sammeln und zu nutzen. Die Zustände und Begebenheiten der Vergangenheit, die prinzipiell als wiederholbar gedacht wurden und aus denen man für die Zukunft also in gewissem Umfang Handlungsanweisungen ableiten konnte, sollten in die gegenwärtige Beurteilung der Politik eingebracht werden. Vergleichende Studien, insbesondere Rechts- und Verfassungsvergleiche, sollten als Hilfe auf dem Weg zur Erkenntnis des allgemeinen Rechts und der besten politischen Organisationsform dienen. Dabei handhabte Bodin die historisch-kritische Methode,[5] ohne allerdings ein historistisches Interesse zu entwickeln. Vielmehr wurde Geschichte in ihrer Relevanz für die Gegenwart begriffen. Wie historische Materialien aufbereitet und für die Durchdringung politisch-sozialer Gegenstände verwandt werden können, ist das Thema eines 1566 veröffentlichten Buches, das Bodin sogleich berühmt machte: *Methodus ad facilem historiarum cognitionem.*[6]

Bodins Reputation wuchs, als er 1568 eine Untersuchung über die Ursachen der Inflation in Europa vorlegte und damit bereits den weiten Horizont seiner Arbeiten deutlich werden ließ.[7] Das den Zeitgenossen unverständliche und sie bedrückende Phänomen der Preisrevolution zu erklären, war ursprünglich der königliche Rat Malestroit beauftragt worden, der das Paradox formulierte, die Waren hätten sich trotz Preisanstieg gar nicht verteuert. Vielmehr habe sich der Edelmetallgehalt der Münzen verringert und dadurch das Geld an Tauschwert verloren. Die realen Preise seien also stabil geblieben. Diese Auffassung veranlaßte Bodin zu einer Erwiderung[8], in der er nachwies, daß der Preisanstieg stärker war, als es dem Ausmaß der tatsächlich eingetretenen Münzverschlechterung entsprochen hätte. Den zusätzlich notwendigen Erklärungsfaktor gewann Bodin, indem er den Wert des Geldes aus der Umlaufsmenge ableitete und diese wesentlich durch die erhöhten Edelmetallimporte aus Amerika bestimmt sah. Die Zunahme der Geldmenge hatte Preiserhöhungen nach sich gezogen. Damit begründete Bodin für die Lehre vom Geldwert die Quantitätstheorie, mit deren Hilfe staatliche Preispolitik eher möglich wurde.

Abgesehen davon, daß die Quantitätstheorie andere Ursachen der Preisrevolution wie die Bevölkerungsexplosion unberücksichtigt ließ, war staatliche Preis- und Wirtschaftspolitik nur unter der Voraussetzung denkbar, daß der Staat Machtmittel besaß, sie durchzusetzen. Dies war im Frankreich der Religionskriege immer weniger der Fall. Die Schwäche der aussterbenden Dynastie der Valois ließ die konfessionellen Parteienkonflikte zum Kampf um die Macht werden. Die Krise der Kirche mündete in die Staatskrise ein. Sich gegenseitig ausschließende, miteinander konkurrierende Wahrheiten, die in ihrem Absolutheitsstreben gleichzeitig die Führung des Staates beanspruchten, mußten die staatliche Einheit notwendigerweise zerstören. Bodins politische und wissenschaftliche Arbeit galt dem Bemühen, die Krise zu überwinden und mit den Mitteln der souverä-

nen Staatsgewalt die zerstörerische Energie der Krise in Reformprozesse und Anpassungsvorgänge umzuwandeln. Seine politische Tätigkeit, die kleinere Aufgaben im Dienst des Königs umfaßte und 1569/70 während der verschärften Hugenottenverfolgung wahrscheinlich – obwohl Bodin nicht dem neuen Bekenntnis angehörte – durch einen Gefängnisaufenthalt unterbrochen wurde, fand ihren Höhepunkt in der Arbeit für die Ziele der *Politiques.* Diese Gruppe suchte den Staat von kirchlichen Einflüssen und Interessen zu emanzipieren und über den streitenden Parteien eine dritte Position zu begründen. In der Logik dieser dritten Position lag zugleich die Logik des modernen Staats begründet, der den tödlichen Antagonismus, wie er sich in der auch für Bodin beinahe verhängnisvollen Bartholomäusnacht 1572 entlud, überwinden sollte.
Wir finden Bodin seit 1571 in der Umgebung des Herzogs von Alençon, des Bruders des Königs, der als Führer der Gruppe der Politiker angesehen wurde und nach dem Tod Karls IX. unter Umgehung der Thronfolgerechte seines Bruders Heinrich die Staatsführung an sich reißen wollte. Es gibt Hinweise, daß Bodin an diesem gescheiterten Vorhaben beteiligt war, doch fehlt auch hier die letzte Klarheit. In der Folgezeit setzte er auf den neuen König Heinrich III., von dem er die innere Befriedung des Landes erhoffte, wandte sich aber 1576 als Vertreter des dritten Standes auf dem Ständetag von Blois gegen die königliche Forderung nach finanziellen Sondermitteln, die der inzwischen von der katholischen Liga abhängig gewordene König für die Wiederaufnahme des Bürgerkriegs verwandt hätte. Bodin überzeugte die Versammlung und trug dadurch zur Aufrechterhaltung des interkonfessionellen Waffenstillstands bei.[9] Gleichzeitig verlor er aber die Gunst Heinrichs III. und schied aus der großen Politik aus. Er kehrte wieder in die Provinz zurück, um als Nachfolger seines Schwagers Staatsanwalt am Gericht in Laon zu werden. Freilich war er im Pariser Geburts- und Amtsadel, der die entscheidenden Positionen besetzt hielt, immer ein sozialer

Außenseiter gewesen, selbst in den führenden Juristenkreisen der Hauptstadt, die das geistige Zentrum der *Politiques* bildeten. Doch bevor er seinen unfreiwilligen Rückzug nach Laon antreten mußte, hatte er Anfang 1576 noch vor dem Zusammentreten der Ständeversammlung von Blois gleichsam als Vermächtnis für die Sache der *Politiques* sein Hauptwerk veröffentlicht, die *Six Livres de la République*.

Trotz seines voluminösen Umfangs und seiner durch ausgiebige, sich auf etwa zwei Drittel des Werks erstreckende Dokumentation erschwerten Lesbarkeit fand das zuerst in französischer Sprache veröffentlichte Buch weite Verbreitung. Zahlreiche veränderte Neuauflagen innerhalb weniger Jahre und Übersetzungen in mehrere Sprachen zeugen davon.[10] Die große Resonanz ist nicht zuletzt darauf zurückzuführen, daß Praxisnähe und Staatsphilosophie verbunden sind. Die *République* ist einmal ein Plädoyer zugunsten einer starken monarchischen Zentralgewalt. Insofern bildet das Frankreich des 16. Jahrhunderts den unmittelbaren Bezugspunkt. Darüber hinaus aber deutet schon der an Platons *Staat*, Aristoteles' *Politik* oder Ciceros *De re publica* erinnernde Titel an, welchen Stellenwert Bodin seinem Hauptwerk zugemessen hat. Er wollte eine umfassende Analyse des Staates als der natürlichen Organisationsform menschlicher Verbände vorlegen, einen auch über Frankreich hinausweisenden Bezugsrahmen für politisches Handeln. In Wiederaufnahme und Fortführung der Themen aus der *Methodus* behandeln die sechs Bücher sowohl allgemeine Strukturelemente des Staates (Buch I–III) wie seine spezifischen Ausprägungen unter Berücksichtigung historischer und geographischer Bedingungen (Buch IV und V). Das letzte Buch befaßt sich zusammenfassend mit den in Harmonie und Gerechtigkeit gipfelnden Merkmalen einer wohlgeordneten Monarchie.

In Laon, wo er von einer kurzen Unterbrechung abgesehen bis zu seinem Tod 1596 lebte, nahm Bodin seine rechtsvergleichenden Studien wieder auf.[11] Ferner veröffentlichte er

1580 – seinem steigenden Interesse für philosophische und theologische Fragen folgend – ein Handbuch für Richter von Hexenprozessen.[12] Von 1581 bis 1584 stand er noch einmal im Dienst des Herzogs von Alençon, der sich von einer Unterstützung des niederländischen Kampfes gegen Spanien erhöhten politischen Einfluß versprach und das Projekt einer Heirat mit Königin Elisabeth von England verfolgte. Bodin hielt sich 1581 für mehrere Monate in England auf, wo er auch ergänzendes Material für die *République* zusammentrug. Nach dem Tod Alençons 1584 nach Laon zurückgekehrt, verfaßte er eine lateinische Version der *République*, die 1586 herauskam. Obwohl es sich keineswegs um eine bloße Übersetzung handelte, sondern um eine Neufassung mit zahlreichen Auslassungen, Ergänzungen und Klarstellungen, sind die zentralen Aussagen im wesentlichen unverändert übernommen worden. Während Bodin ursprünglich in klarer politischer Zielsetzung ein möglichst breites Publikum in Frankreich zu erreichen suchte, wandte sich die lateinische Bearbeitung an die gebildete Öffentlichkeit Europas.

In Frankreich selbst war Bodins Plädoyer für den monarchischen Zentralstaat ein bloßes politisches Programm geblieben. Ein Versuch Heinrichs III., die übermächtig werdende katholische Liga durch die gewaltsame Ausschaltung der Brüder Guise im Dezember 1588 zurückzudrängen, endete mit seiner eigenen Ermordung und bewirkte eine Verstärkung der von religiösem Fanatismus getriebenen Herrschaft der Liga. Bodins neutrale Position im Religionskrieg machte ihn bei allen Parteien verdächtig und ließ ihn auch jetzt nicht unbehelligt. Direkten Pressionen ausgesetzt erklärte er aus Furcht vor der Zerstörung seiner Existenz seine Loyalität gegenüber der Liga. Mit reichlich spekulativen Erklärungen versuchte er, der nicht zum Märtyrer werden wollte, diesen politischen Sinneswandel zu rationalisieren[13]: die Liga sei das Werkzeug Gottes in der schmerzhaften Übergangsperiode Frankreichs von der Schlußphase des Bürgerkriegs zum Beginn einer neuen monarchischen

Herrschaft. Indes konnte er sich gegen Ende seines Lebens bestätigt sehen. 1594 zeichnete sich der Triumph der *Politiques* ab, als Heinrich von Navarra französischer König wurde. Die innere Befriedung des Landes im Edikt von Nantes 1598 erlebte Bodin nicht mehr. 1596 war er gestorben.

Die letzten Jahre seiner Arbeit hatten eine Abrundung seines lebenslangen Bemühens um umfassende Welterkenntnis, um ein universales Modell der Wirklichkeit in ihrer menschlichen, natürlichen und göttlichen Dimension gebracht. Die juristischen und historisch-politischen Studien fanden ihre Ergänzung durch eine Systematik der Naturwissenschaften im 1596 veröffentlichten *Universae naturae theatrum* und die Suche nach den Prinzipien einer universalen Religion im *Heptaplomeres*, wo Bodin die avantgardistische Position eines konfessionellen Pluralismus vertritt. Der dort verfochtene Toleranzgedanke war ungleich radikaler als die eher pragmatische Lösung des Edikts von Nantes. Aus gutem Grund wurde das Manuskript geheimgehalten und kursierte lediglich in handschriftlichen Abschriften.[14]

Überblickt man Bodins gesamtes Œuvre, so zeigt sich einerseits in Anknüpfung an die Tradition eine aristotelisch-universalistische Denkweise, die eine totale Durchdringung der politisch-sozialen Realität einschließlich ihrer metaphysischen Komponenten anstrebt; andererseits eine in die Neuzeit weisende Rationalität, die in vergleichenden Analysen ein enzyklopädisches Material verarbeitet und Aussagen zu Politik und Gesellschaft empirisch zu untermauern sucht.[15] Indem Bodin zu einer systematischen Sammlung und Klassifizierung empirischer Daten ansetzt und nicht von a priori-Annahmen, sondern Erfahrungswerten auszugehen versucht, erkennt er konsequenterweise der Wissenschaft von der Politik den obersten Rang unter den Wissenschaften[16] zu und nicht etwa der Theologie. Mesnard hat ihm »le titre de créateur de la Méthode comparative et de fondateur de la Politique expérimentale« zuerkannt.[17] Freilich gelangt die empirische Methode dort an ihre Grenze, wo der Gegenstand selbst, wie in der *Démonomanie*, im Bereich des Übernatürlichen lag. Während Bodin auf totale Erkenntnis ausging, lag die Wahrheit am Ende des 16. Jahrhunderts nicht nur im Bereich der empirischen Wissenschaften, sondern auch der Magie, »die Naturbeherrschung sucht auf dem Weg der Zauberei, als einer Wunschform von Technik, die man nicht hat«.[18]

## 2. *Der souveräne Staat im politischen Denken Bodins*

Wie der notwendigerweise skizzenhafte Überblick über Leben und Werk gezeigt hat, war Bodins Œuvre von universalem Zuschnitt. Seinem Beitrag zu den philosophischen, juristischen, geschichtswissenschaftlichen und politischen Fragen seiner Zeit kann nur eine vielschichtige und weitgefächerte Darstellung gerecht werden, die in diesem Rahmen nicht geleistet werden kann. Doch ragt aus der imponierenden Fülle des Gesamtwerks, das in mancher Hinsicht nur noch historische Interessen weckt, ein Themenkomplex heraus, dessen Problematik für die gesamte Neuzeit verbindlich blieb und der von Bodin zuerst umfassend durchdacht wurde. Es handelt sich um Gestalt und Ausprägung des modernen Staates, für dessen frühe Ausformung Bodin das theoretische Gerüst erstellte. Auch angesichts struktureller Wandlungsprozesse, die der moderne Staat seit Ausbildung seiner Frühformen durchlaufen hat;[19] auch angesichts mancher etwa von Carl Schmitt vorgetragener Überlegungen zur Krise oder gar zum Ende des neuzeitlichen Staates[20] bleibt Bodins zentrale Kategorie der Souveränität aktuell, solange an der Souveränität im Innern und nach außen als einem für den Staat konstitutiven Merkmal normativ festgehalten wird. Zudem: faktische Beschränkungen der nationalstaatlichen Souveränität, wie wir sie heute durch die Monopolstellung der Supermächte auf dem Gebiet der Vernichtungswaffen und durch ihre dadurch mögliche Beherrschung des internationalen Ordnungsgefüges erleben, stellen lediglich eine graduelle Steigerung von bekannten Mechanismen in internationalen Systemen dar, die auf der einen Seite Großmächte, auf der anderen mittlere sowie kleinere Mächte kennen. Ähnliches könnte auch für andere Souveränitätsbeschränkungen festgestellt werden. Solange ein Überstaat nicht realisierbar ist und der souveräne Einzelstaat trotz internationaler Verbundsysteme und offenkundiger Beschränkung seiner von ihm geforderten Fähigkeit, die staatlichen Schutzfunktionen voll auszuüben sowie wirtschaftliche und technologische Bedürfnisse unabhängig von internationalem Zusammenwirken zu befriedigen, ein Grundbestandteil der internationalen Gesellschaft bleibt, behält das zentrale Element der Staatstheorie Bodins, seine Souveränitätslehre, Gültigkeit und Aussagekraft. Gerade angesichts der Problematisierung des Souveränitätsbegriffs kann eine Analyse der ›klassischen‹ Souveränitätslehre Erkenntniswert besitzen und die heutige Diskrepanz von nationalstaatlicher Konstruktion und Leistungs- und Funktionsdefizit ebendieses Nationalstaats verdeutlichen. Insofern ist es nicht nur historisches Interesse, das die Lektüre der *République* Bodins nahelegt.

An den Anfang aller Überlegungen stellt Bodin seine Definition des Staates. Es bedarf verschiedener Voraussetzungen, um vom Zustand der Staatlichkeit sprechen und diesen vom unorganisierten Naturzustand unterscheiden zu können. Bodin denkt sich den vorstaatlichen Zustand als Kampfgesellschaft, die vom Gegensatz einzelner Familienclans bestimmt ist. Von daher wird verständlich, warum bei Bodin die Familienverbände das Fundament jedes Staates bilden. Bodins Beschreibung des Naturzustands läßt sich in der später von Hobbes geprägten Formel fassen, die den Menschen als des Menschen Wolf begreift. Allerdings ist es nicht das auf Erwerb und Konkurrenzkampf zielende Individuum, sondern der mit den gleichen Merkmalen versehene Familienverband, der bei Bodin den staatslosen Zustand prägt. Macht und Gewaltausübung, Ehrgeiz, Habsucht und Rachsucht führten zu Auseinandersetzungen, an deren Ende die Herrschaft des Siegers steht. »So kamen die bis dahin unbekannten Begriffe Herr und Knecht, Fürst und Untertan in Gebrauch. Überlegung und Einsicht lassen uns zu dem Schluß kommen, daß Staaten ursprünglich mit Gewalt gebildet worden sind« (I, 6, S. 69, diese Ausgabe S. 15).[21] Der Staat wird also nicht von der Konstruktion des Herrschaftsvertrags, der die souveräne Staatsgewalt begründet, sondern von der gewaltsamen Etablierung der Herrschaft her verstanden. Politik wird als Handeln der Obrigkeit begriffen.[22]

Der Staat ist definiert »durch die dem Recht gemäß geführte, mit souveräner Gewalt ausgestattete Regierung einer Vielzahl von Familien und dessen, was ihnen gemeinsam ist« (I, 1, S. 1, diese Ausgabe S. 8). Höchste Befehlsgewalt (*puissance souveraine*), Familien (*ménages*) und das den Bürgern Gemeinsame (*communauté*) konstituieren den Staat. In seiner Kritik antiker Staatsdefinitionen bemängelt Bodin vor allem das Fehlen dieser drei Komponenten.[23] Die Vielzahl der Familien und Haushalte haben im Unterschied zum vorstaatlichen Naturzustand aufgehört, isoliert nebeneinander zu stehen, sondern sind durch den Bereich des ihnen Gemeinsamen und die souveräne Herrschaftsgewalt im Staat integriert.

Staatliche Herrschaft ist Herrschaft über Haushalte,[24] die kleinsten Einheiten des Staatswesens. Die gut gelenkte Familie ist »das wahre Abbild des Staates. Die häusliche Gewalt gleicht der souveränen Gewalt.« (I, 2, S. 11, diese Ausgabe S. 13.) In Familie und Monarchie, der von Bodin bevorzugt behandelten Staatsform, gleichen sich die Abhängigkeitsstrukturen. Der Bereich der Familie ist gekennzeichnet durch das Verfügungsrecht über Privateigentum, das dem Zugriff des Staates verschlossen ist. In den Standes- und Rangunterschieden der Familien spiegeln sich zugleich die auf Ungleichheit angelegten Gesellschaftsstrukturen des Staates wider. Sie deuten zugleich auf den Grad politischer Partizipation unterschiedlich Privilegierter hin.[25]

Neben der Privatsphäre der Familie steht der öffentliche Bereich. »Denn zum Staat gehört, daß es einen gemeinsamen öffentlichen Bereich gibt.« (I, 2, S. 14, diese Ausgabe S. 13.) Hier nennt Bodin u. a. Staatsgut, Staatsschatz, Straßen, Kirchen, Märkte, Sitten, Gesetze – kurz: den materiellen, institutionellen und geistigen Rahmen des politischen, gesellschaftlichen und geistigen Lebens.
Von fundamentaler Bedeutung für einen funktionsfähigen Staatsverband ist jedoch das Moment der souveränen Herrschaftsgewalt.[26] Ohne souveräne Gewalt (*puissance souveraine*) ist kein Staat (*république*) denkbar. Die Souveränität entfaltet sich nach außen gegen einst übergeordnete Gewalten wie Papst und Kaiser; im Innern als immerwährende und absolute Befehlsgewalt gegenüber den Staatsbürgern. Es ist leicht einzusehen, daß sich Bodin als Zeitgenosse des Religionskriegs vornehmlich dem Problem der inneren Souveränität zuwandte. Er fühlte sich durchaus als Pionier. War der Begriff der Souveränität auch nicht neu und ist Bodin auch nicht der einzige Denker, der das spätmittelalterlich-frühneuzeitliche Problem der Souveränität artikuliert hat, so ist doch nicht zu bestreiten, daß er die eindringlichste Behandlung des Souveränitätsproblems seiner Zeit vorgelegt hat (I, 8 und 10).
Souveränität meint im Anschluß an das römisch-rechtliche *majestas* und *imperium* höchste Befehlsgewalt, d. h. über dem positiven Recht stehendes Gesetzgebungsrecht. Der Souverän ist vom Zwang des Gesetzes befreit: *majestas est summa in cives ac subditos legibusque soluta potestas*, wie die berühmte Formel aus der lateinischen Fassung der *République* lautet (I, 8, S. 123), die dem Zeitalter des Absolutismus den Namen gegeben hat. Die unteilbare Souveränität begründet die autonome Position des Staates, der das Gesetzgebungs- und Gewaltmonopol besitzt. Der Souverän ist keinem Konsenszwang unterworfen. Souverän ist, »wer nur Gott als Größeren über sich anerkennt«. (I, 8, S. 124, diese Ausgabe S. 20.) Damit wandte sich Bodin gegen die Lehre der auf ständische Mitwirkung abzielenden

Monarchomachen, ja es ist die Auffassung vertreten worden, daß Bodins Souveränitätslehre mit ihrer starken Betonung der Fürstensouveränität geradezu als Antwort auf die Schriften der Monarchomachen zu verstehen ist.[27]

Beinhaltet Souveränität einerseits die unabhängig vom Gesetz (*lex*) agierende Befehlsgewalt (*legibus solutus*), so erfuhr sie andererseits doch eine Beschränkung durch das Recht (*ius*). Entscheidend war, daß jegliche Begrenzung des Katalogs der Souveränitätsrechte rechtlich begründet war und nicht vom allgemeinen politischen Wertesystem her, wie es bei Claude de Seyssel Anfang des 16. Jahrhunderts noch der Fall war.[28] Die souveräne Gewalt war bei Bodin in das Recht eingebunden: auf außenpolitischem Gebiet in das *ius gentium*, im Innern in das göttliche Recht und das Naturrecht (*loi de Dieu et de nature*) sowie die Staatsgrundgesetze (*lois fondamentales*, lateinisch *leges imperii*, d. h. salisches Thronfolgegesetz, Unveräußerlichkeit der Krondomäne, Unteilbarkeit der Souveränität). Insbesondere das natürliche Recht auf Privateigentum bildete eine Barriere gegenüber der souveränen Gewalt. Bodin plädierte also keineswegs für unumschränkte absolute Herrschaft, sondern für eine durch Rechtsschranken begrenzte Souveränität.[29] Freilich: was für den Normalfall gelten sollte, durfte im Krisenfall durchaus relativiert und reduziert werden. »Zum Zwecke der Staatserhaltung sollen die Untertanen nicht nur ihre Gegensätze und Konflikte hintanstellen, sondern auch ihr Eigentum aufgeben.« (I, 8, S. 157, diese Ausgabe S. 37.)

Die formale Kategorie der Souveränität wird bei Bodin stets in Zusammenhang mit der Frage der Realisierung des staatlichen Herrschaftsanspruchs und mit den Trägern der Souveränität gesehen. Auf diese Weise geht der Begriff der Souveränität als grundlegender Begriff des europäischen Staatsrechts eine Verbindung mit aktuellen politischen Erfordernissen ein, wie sie Bodin für das Frankreich in der zweiten Hälfte des 16. Jahrhunderts gegeben sieht. Als optimales Ziel präsentiert er dabei sein Staatsideal der *monarchie royale ou legitime.* Den Hintergrund dieser Überlegungen bilden Bodins Staatsformenlehre sowie seine Ausführungen zu verschiedenen Regierungs- und Herrschaftsformen.[30] Er entscheidet die Frage der Staatsform nach dem Inhaber der Souveränitätsrechte. Da die Souveränität unteilbar ist, gibt es keine gemischten Staatsformen, sondern nur drei Unterscheidungen: »Wenn die Souveränität bei einem Fürsten allein liegt, so sprechen wir von einer *Monarchie*; hat das Volk an ihr teil, nennen wir diesen Staat eine *Demokratie*; verfügt nur ein Teil des Volkes darüber, wird der Staat als *Aristokratie* bezeichnet.« (II, 1, S. 251 f., diese Ausgabe S. 47.)

Weiter differenzierend unterscheidet Bodin in den drei Staatsformen unterschiedliche Regierungs- und Herrschaftsformen.[31] Jede Staatsform kann entsprechend ihrer Organisationsform demokratisch, aristokratisch oder monarchisch regiert werden. »Denn es gibt sehr wohl einen Unterschied zwischen Staatsform und Regierungsweise – eine regelmäßig festzustellende Erscheinung in der Politik, die gleichwohl noch niemand behandelt hat. Ein Staat kann eine Monarchie sein und dennoch demokratisch regiert werden, wenn der Fürst an öffentlichen Ämtern und Ehrungen gleichermaßen alle ohne Ansehung des Adels, des Reichtums oder der Tüchtigkeit teilhaben läßt. Eine Monarchie kann aber auch aristokratisch regiert werden, wenn der Fürst Ämter und Pfründen nur an die Adligen, die Tüchtigsten oder die Reichsten vergibt. Oder eine aristokratische Herrschaft kann ihren Staat demokratisch regieren, indem sie Ehrungen und Belohnungen gleichmäßig an alle Untertanen verteilt; oder aristokratisch, wenn nur die Adligen oder Reichen sie erhalten. Diese Vielzahl an Regierungsformen hat diejenigen in die Irre geführt, die die Staaten vermischt haben, ohne den Unterschied zwischen der Staatsform einerseits und der Regierung und Verwaltung andererseits zu beachten.« (II, 2, S. 272 f., diese Ausgabe S. 51.)

Die Art der Herrschaftsform resultiert aus der Stellung des Untertans hinsichtlich seiner Freiheit und seines Eigentums.

Die Staatsform der Monarchie zum Beispiel, aus der Bodin die Masse seiner Beispiele bringt, kann despotisch (*seigneuriale*), legitim (*royale ou legitime*) oder tyrannisch (*tyrannique*) verfaßt sein. »Um eine legitime Monarchie handelt es sich, wenn die Untertanen den Gesetzen des Monarchen gehorchen und der Monarch seinerseits den Naturgesetzen folgt; wenn die natürliche Freiheit und das Recht auf Eigentum gewahrt sind. Eine despotische Monarchie ist die, wenn der Fürst durch das Eroberungsrecht in einem gerechten Krieg zum Herrn geworden ist über Güter und Personen, indem er seine Untertanen regiert wie das Familienoberhaupt seine Sklaven. Von einer tyrannischen Monarchie sprechen wir, wenn der Monarch die Naturgesetze mißachtet, freie Untertanen wie Sklaven mißbraucht und das Eigentum der Untertanen als das seine ansieht. Derselbe Unterschied findet sich in der aristokratischen und demokratischen Staatsform, denn beide können in der beschriebenen Weise legitim, despotisch oder tyrannisch sein.« (II, 2, S. 273, diese Ausgabe S. 51 f.)

Die Auffächerungen in der Staatsformenlehre sind die Voraussetzung dafür, daß Bodin die jeweils adäquate Staatsform als Resultat lokaler Gegebenheiten und Bedürfnisse ansieht und auch Wandlungsprozesse von einer zur anderen Staatsform berücksichtigt. Klima, geographische Gegebenheiten oder Nationalcharakter gilt es als Faktoren in Rechnung zu stellen, wenn man entscheiden will, wer die Souveränität innehaben soll. Insofern gilt das Grundprinzip der Souveränitätslehre für den Fürstenstaat ebenso wie für die Variante der Volkssouveränität. Für Frankreich jedoch lautete Bodins Option unzweideutig, daß die Souveränität identisch sein müsse mit Fürstensouveränität, die nach den Prinzipien der *monarchie royale* organisiert sein sollte. Bodins ganze Darstellung ist auf den Fürsten hin strukturiert, der den Bezugspunkt für Politik und Verfassung verkörpert.[32] Bodin fügt jedoch hinzu, daß *droit gouvernement avec puissance souveraine* in der von ihm idealtypisch herausgehobenen Monarchie eine gemäßigte Regierung meint,

»die alle sozialen Gruppen oder Stände harmonisch zusammenschließt und entsprechend ihrer Leistung und Bedeutung für den Staat an der Regierung beteiligt«.[33] Die *Staats*form der Monarchie, wo die Souveränität beim Fürsten liegt, erlaubt sehr wohl eine gemischte *Regierungs*form, die monarchische, aristokratische und demokratische Elemente in sich vereinigt. Bodins Idealstaat, den er sich für Frankreich wünscht, ist auf politische und gesellschaftliche Integration ausgerichtet. Seine Krisentherapie in der Zeit des Bürgerkriegs kulminiert im konstruktiven Gegenbegriff der Integration.

Bodins *République* verarbeitet einen komplexen Befund, der die Erscheinungsformen des frühmodernen Staates enthält. Dieser moderne Staat ist nun keineswegs erst in dem Jahrhundert entstanden, in dem Bodin lebte und schrieb. Es wäre verfehlt, die vorangegangenen Jahrhunderte lediglich als »Gegenbild zur Moderne«[34] zu begreifen und die frühen Grundlagen moderner bürokratisierter Staatlichkeit gerade in Westeuropa und die voranschreitende Ausbildung marktorientierter Wirtschaftsformen zu übersehen. Aber es besteht auch kein Zweifel, daß die Auflösung der *res publica christiana*, deren Zerfall neue Dimensionen des gewaltsamen Konfliktaustrags mit sich brachte, einen weiteren Schritt in einem längeren, zur Moderne hinführenden politisch-sozialen und geistigen Differenzierungsprozeß darstellte, der das Problem der Souveränität in politischen Verbänden und die Frage nach dem letztlich säkularisierten Staat zwingend aufwarf. Das einstige Rechtsmittel der Fehde nahm in dem Maß anarchische Züge an, wie die souveräne Staatsgewalt das Gewaltmonopol errang und den Rechts- und Friedensschutz garantierte. Der innerstaatliche Friede wurde zur zentralen Norm des modernen souveränen Staates,[35] der die verfeindeten Parteien in seine Disziplin nahm. »Non crudelitas, sed disciplina!«[36] So lautete nach den Jahrzehnten des Bürgerkriegs die Formel für die neue, auf Partizipationszwang der Untertanen am Staat und Brechung feudaler Eigenmacht zielende Politik.[37] Seit der Auflösung der *chri-*

*stianitas* war Friede nur noch als Staatsfriede denkbar. Der Staat garantiert den inneren Frieden und gilt nur aufgrund dieser Fähigkeit als staatliches Gemeinwesen. Bodin formuliert damit bereits einen Gedanken, der später bei Hobbes zentrale Bedeutung erhält. Für Bodin hat die Durchsetzung des staatlichen Gewaltmonopols essentielles Gewicht. Bürgerkrieg ist das Grundübel, das es zu vermeiden gilt, notfalls selbst durch das Mittel des Kriegs nach außen, der die inneren Spannungen absorbiert und ablenkt: Krieg zur Vermeidung des Bürgerkriegs.[38]

Pazifizierung im Innern und Rechtssicherheit waren unabdingbare Voraussetzungen für die Sicherung des Eigentums und die Entfaltung einer warentauschenden Gesellschaft, die traditionsgebundene Herrschafts- und Wirtschaftsformen sprengte und deren Marktbeziehungen in wirtschaftlichen Großräumen verliefen. »Die universelle Herrschaft der *Markt*vergesellschaftung verlangt einerseits ein nach rationalen Regeln *kalkulierbares* Funktionieren des Rechts. Und andererseits begünstigt die Marktverbreiterung [...] kraft der ihr immanenten Konsequenzen die Monopolisierung und Reglementierung aller ›legitimen‹ Zwangsgewalt durch *eine* universalistische Zwangsgewalt vermöge der Zersetzung aller partikulären, meist auf ökonomischen Monopolen ruhenden ständischen und anderen Zwangsgebilde.«[39] Die fortschrittliche Idee der Souveränität[40] garantiert einen ungestörten und profitablen Ablauf der Tauschbeziehungen innerhalb der marktorientierten Wirtschaftsgesellschaft. Der Staat hebt sich ab von der bürgerlichen Gesellschaft.[41]

Nun liegt es auf der Hand, daß man Bodins Aussagen nicht mit dieser idealtypischen Skizze frühmoderner Staatlichkeit identifizieren kann. Er steht nur am Anfang dieses Prozesses. In Bodins Gesellschaftsbild existiert noch kein durch Rechtsgleichheit oder Freisetzung des wirtschaftenden Individuums gekennzeichneter einheitlicher Untertanenverband. Bodin bildet keine Theorie der frühbürgerlichen Gesellschaft aus, sondern ist durchaus der altständischen Gesellschaftsstruktur verhaftet. Doch sind bei ihm »bürgerliche Theoreme in rudimentärer Form«[42] insofern vorhanden, als sein Souveränitätsbegriff mit seiner theoretischen Fundierung des zentralstaatlichen Absolutismus zugleich den Interessen der auf Markterweiterung zielenden Wirtschaftsgesellschaft diente. Bodins Souveränitätsbegriff »ist der politische Ausdruck des Durchdringens des Kapitalismus, freilich nicht in dem Sinne, daß er unmittelbarer Sachwalter der Bourgeoisie wäre, aber insofern er die feudalen Lebensformen beseitigt«.[43]

# Anmerkungen zum Nachwort

1 Dies hat – um eine methodisch vorbildliche Arbeit zu nennen – für das England des 17. Jahrhunderts vorgeführt C. B. Macpherson, The Political Theory of Possessive Individualism. Hobbes to Locke, Oxford 1962 (dt. Ausgaben: C. B. M., Die politische Theorie des Besitzindividualismus, Frankfurt a. M. 1967; Suhrkamp Taschenbuch 41, Frankfurt a. M. 1973). Für Bodin fehlt eine vergleichbare Untersuchung.

2 Eine neuere Biographie Bodins liegt nicht vor. Immer noch heranzuziehen ist R. Chauviré, Jean Bodin, auteur de la ›République‹, Paris 1914. Für knappere biographische Skizzen vgl. die Einleitung zu K. D. McRae (Hrsg.), Jean Bodin. The Six Books of a Commonweale, Cambridge, Mass., 1962; und H. Denzer, Bodin, in: Klassiker des politischen Denkens, Bd. 1, München [4]1972. Literaturangaben zur Situation in Frankreich im 16. Jahrhundert finden sich in der anschließenden Bibliographie.

3 Dazu K. D. McRae, Ramist Tendencies in the Thought of Jean Bodin, in: Journal of the History of Ideas 16 (1955) S. 306 ff.

4 Vgl. P. Mesnard, Jean Bodin à Toulouse, in: Bibliothèque d'humanisme et renaissance 12 (1950) S. 31 ff.

5 Hierzu J. H. Franklin, Jean Bodin and the Sixteenth-Century Revolution in the Methodology of Law and History, New York 1963; und J. L. Brown, The Methodus ad facilem historiarum cognitionem of Jean Bodin, Washington 1939. Zum Stellenwert der Geschichte und zum Stand der Geschichtsschreibung vgl. G. Huppert, The Idea of Perfect History. Historical Erudition and Historical Philosophy in Renaissance France, Urbana 1970; D. R. Kelley, Foundations of Modern Historical Scholarship. Language, Law and History in the French Renaissance, New York u. London 1970; R. Landfester, Historia Magistra Vitae. Untersuchungen zur humanistischen Geschichtstheorie des 14. bis 16. Jahrhunderts, Genf 1972.

6 Die *Methodus* findet sich in der lateinischen Fassung und in französischer Übersetzung in: Œuvres philosophiques de Jean Bodin, hrsg. von P. Mesnard, Bd. 1, Paris 1951. Dieser Band, der hinter den Erwartungen einer kritischen Textedition zurückbleibt, ist der einzige der geplanten Ausgabe der Werke Jean Bodins geblieben. Ferner ist ein Nachdruck der Ausgabe

von 1650 greifbar: Aalen 1967.

7 E. Hassinger, Das Werden des neuzeitlichen Europa 1300–1600, Braunschweig ²1966, S. 379, nennt Bodin wohl zu Recht den »universalsten Geist im damaligen Abendland«.

8 *La response de maistre Jean Bodin au paradoxe de monsieur de Malestroit*, Paris 1568. Neudruck hrsg. von J. Y. Le Branchu, Paris 1934. Zu benutzen in der von H. Hauser herausgegebenen und kommentierten Fassung: La vie chère au XIVᵉ siècle. La response de Jean Bodin à M. de Malestroit 1568, Paris 1932.

9 Für Einzelheiten O. Ulph, Jean Bodin and the Estates General of 1576, in: Journal of Modern History 19 (1947) S. 289 ff. Siehe auch Bodins eigenen Bericht: *Recueil de tout ce qui s'est negotié en la compagnie du Tiers Estat de France en l'assemblée générale des trois estats, assignez par le roy en la ville de Blois, au novembre 1576*. Zuerst veröffentlicht 1577. Abgedruckt in: C. J. Mayer (Hrsg.), Des Etats Généraux et autres assemblées nationales, Bd. 13, La Haye 1789, S. 212 ff.

10 Zu den Ausgaben der *République* vgl. McRae (Hrsg.), Jean Bodin, S. A 28 ff. und A 78 ff. sowie die Bibliographie in: Jean Bodin. Verhandlungen der internationalen Bodin-Tagung in München. Hrsg. von H. Denzer, München 1973 (künftig abgekürzt: Bodin-Tagung), S. 494 ff. Dort sind auch Übersetzungen und Teilausgaben verzeichnet. Die einzige deutsche Übersetzung erschien bereits im 16. Jahrhundert: Respublica. Das ist: Gründtliche und rechte Underweysung oder eigentlicher Bericht, in welchem außführlich vermeldet wirdt, wie nicht allein das Regiment wol zu bestellen, sondern auch in allerley Zustandt, so wol in Krieg und Widerwertigkeit, als Frieden und Wolstand zu erhalten sey. Alles so wol auß Göttlichen, als Weltlichen Rechten, auch fürnemmen ergangenen gerichtlichen Urtheilen unnd bewärten Historien, allen Obrigkeiten, Rähten, Ampt- und Befehlsleuten, auch Underthanen, zum Unterricht und Warnung mit Fleiß zusammen getragen unnd in sechs Bücher verfasset. Durch den Edlen, Hochgelerten unnd weitberümbten Herrn Ioannem Bodinum. [...] In unser gemein und gebreuchlich Teutsch trewlich und fleissig gebracht durch den Ehrenhafften und wolgelehrten Herrn M. Johann Oswaldt, Pfarrherrn zu Mumpelgart. Mumpelgart 1592.

11 1578 veröffentlichte er ein aus den sechziger Jahren stammendes Manuskript: *Juris universi distributio*. Heute zu benutzen

nach: Œuvre philosophiques, Bd. 1, S. 67 ff.

12 *De la demonomanie des sorciers*, Paris 1580. Dazu U. Lange, Untersuchungen zu Bodins Demonomanie, Frankfurt 1970.

13 Dies ist es wohl, was K. v. Beyme, Politische Ideengeschichte. Probleme eines interdisziplinären Forschungsbereichs, Tübingen 1969, S. 21, zu dem Urteil veranlaßt, Bodin sei »ein Gelegenheitspolitiker mit unterschiedlicher Zivilcourage« gewesen.

14 *Heptaplomeres, sive colloquium de abditis rerum sublimium arcanis*. Die erste Veröffentlichung fand das Werk in der Ausgabe von L. Noack, Schwerin 1857 (Nachdruck Stuttgart 1966). Vgl. dazu G. Roellenbleck, Offenbarung, Natur und jüdische Überlieferung bei Jean Bodin. Eine Interpretation des Heptaplomeres, Gütersloh 1964; und G. R., Der Schluß des Heptaplomeres und die Begründung der Toleranz bei Bodin, in: Bodin-Tagung, S. 53 ff.

15 Genauer zu diesem Punkt K. D. McRae, Bodin and the Development of Empirical Political Science, in: Bodin-Tagung, S. 333 ff.

16 »Princesse de toutes sciences«, wie es im Vorwort zur *République* heißt.

17 P. Mesnard, L'essor de la philosophie politique au XVI$^{e}$ siècle, Paris $^{2}$1952, S. 541. Vgl. auch D. R. Kelley, The Development and Context of Bodin's Method, in: Bodin-Tagung, S. 123 ff.

18 E. Bloch, Vorlesungen zur Philosophie der Renaissance, Frankfurt 1972, S. 16. Vgl. auch E. W. Monter, Inflation and Witchcraft: The Case of Jean Bodin, in: Action and Conviction in Early Modern Europe. Hrsg. von Th. Rabb und J. Seigel, Princeton 1969, S. 371 ff.

19 Dazu O. Hintze, Wesen und Wandlung des modernen Staats, in: O. H., Staat und Verfassung, Göttingen $^{2}$1962, S. 470 ff.; und Th. Schieder, Wandlungen des Staats in der Neuzeit, in: Historische Zeitschrift 216 (1973) S. 265 ff.

20 Für eine knappe Referierung dieser Überlegungen vgl. H. Quaritsch, Staat und Souveränität, Bd. 1, Frankfurt a. M. 1970, S. 11 ff.

21 Six livres de la République, Buch I, Kapitel 6, S. 69. Künftige Verweise auf die *République* beziehen sich auf die dieser Ausgabe zugrunde liegende Fassung aus dem Jahr 1583, Nachdruck Aalen 1961. Parallel dazu wurde herangezogen die lateinische Ausgabe: De Republica libri sex, $^{5}$Frankfurt a. M. 1609.

22 Vgl. W. Euchner, Eigentum und Herrschaft bei Bodin, in:

Bodin-Tagung, S. 264. Zu Bodins zentraler Kategorie der Ordnung vgl. P. King, The Ideology of Order. A Comparative Analysis of Jean Bodin and Thomas Hobbes, London 1974.

23 Als das wahre Kennzeichen einer staatlichen Gemeinschaft nennt Bodin die »rechte Regierung gemäß den Gesetzen der Natur«. »C'est pourquoy les anciens appelloyent Republiques, une societé d'hommes assemblés, pour bien et heureusement vivre. Laquelle definition toutefois a plus qu'il ne faut d'une part, et moins d'une autre. Car les trois poincts principaux y manquent, c'est à sçavoir, la *famille*, la *souveraineté*, et ce qui est *commun* en une Republique.« (I, 1, S. 4)

24 Vgl. J. Dennert, Bemerkungen zum politischen Denken Jean Bodins, in: Bodin-Tagung, S. 216 ff.

25 Zu dem ganzen Zusammenhang vgl. W. Euchner, Eigentum und Herrschaft bei Bodin, S. 270 ff.

26 Zu diesem Komplex vgl. grundlegend H. Quaritsch, Staat und Souveränität, S. 243 ff. Dort findet sich auch weitere einschlägige Literatur. Hier seien nur noch genannt: J. Dennert, Ursprung und Begriff der Souveränität, Stuttgart 1964; H.-U. Scupin, Der Begriff der Souveränität bei Johannes Althusius und bei Jean Bodin, in: Der Staat 4 (1965) S. 1 ff.; J. U. Lewis, Jean Bodin's ›Logic of Sovereignty‹, in: Political Studies 16 (1968) S. 202 ff.; R. Derathé, La place de Jean Bodin dans l'histoire des théories de la souveraineté, in: Bodin-Tagung, S. 245 ff.

27 J. H. M. Salmon, Bodin and the Monarchomachs, in: Bodin-Tagung, S. 359 ff. Zur Abgrenzung Bodins von den Monarchomachen siehe diese Ausgabe S. 23 f. Dort auch Literaturhinweise.

28 Claude de Seyssel, La grand'monarchie de France, 1519. Zu benutzen in der Ausgabe: La Monarchie de France et deux autres fragments politiques. Hrsg. von J. Poujol, Paris 1961. Vgl. dazu R. W. K. Hinton, Bodin and the Retreat into Legalism, in: Bodin-Tagung, S. 303 ff.

29 Dazu speziell U. Scheuner, Ständische Einrichtungen und innerstaatliche Kräfte in der Theorie Bodins, in: Bodin-Tagung, S. 379 ff.; J. H. Franklin, Jean Bodin and the Rise of Absolutist Theory, Cambridge 1973, betont dagegen in einseitiger Überspitzung die »absolutistische« Komponente in Bodins Denken.

30 Dazu H. Denzer, Bodins Staatsformenlehre, in: Bodin-Tagung, S. 233 ff., wo auch kurz der Zusammenhang mit antiken

Staatsformenlehren hergestellt wird.

31 Dieser Punkt ist bei Bodin nicht sehr systematisch dargestellt. Für eine Zusammenstellung der bei Bodin verstreuten Bemerkungen vgl. H. Quaritsch, Staat und Souveränität, S. 308 ff.

32 E. Hinrichs, Fürstenlehre und politisches Handeln im Frankreich Heinrichs IV., Göttingen 1969, S. 44. Das Buch von Hinrichs gibt eine gute Darstellung des späthumanistischen Fürstenbilds in Theorie und Praxis.

33 H. Denzer, Bodins Staatsformenlehre, S. 238.

34 O. Brunner, Das Problem einer europäischen Sozialgeschichte, in: O. B., Neue Wege der Verfassungs- und Sozialgeschichte, Göttingen ²1968, S. 93.

35 Vgl. R. Schnur, Die französischen Juristen im konfessionellen Bürgerkrieg des 16. Jahrhunderts. Ein Beitrag zur Entstehungsgeschichte des modernen Staats, Berlin 1962, S. 19 ff.

36 Ausspruch von François de Clary, Avocat Général am Grand Conseil, 1591. Zitiert bei G. Oestreich, Strukturprobleme des europäischen Absolutismus, in: G. Oe., Geist und Gestalt des frühmodernen Staates, Berlin 1969, S. 190.

37 Hier kann nicht näher ausgeführt werden, daß realhistorisch die Reichweite staatlicher Hoheitsakte in vorrevolutionären Gesellschaftsstrukturen nicht dem Anspruch entsprach, den der frühmoderne Staat per definitionem aufstellte. Dazu G. Oestreich, Strukturprobleme.

38 Vgl. dazu E. Silberner, La guerre dans la pensée économique du XVIe au XVIIIe siècle, Paris 1939, S. 12 ff.; und G. Livet, Guerre et paix de Machiavel à Hobbes, Paris 1972, S. 239 ff.

39 M. Weber, Wirtschaft und Gesellschaft. Studienausgabe hrsg. von J. Winckelmann, Bd. 1, Köln u. Berlin 1964, S. 255. Vgl. ebd. S. 489 ff. das Kapitel »Die Marktgemeinschaft«, insbesondere S. 493: »Die intensive Expansion der Tauschbeziehungen geht aber überall parallel mit einer relativen Befriedung.«

40 Vgl. B. Willms, Die politischen Ideen von Hobbes bis Ho Tschi Minh, Stuttgart 1971, S. 24 f.

41 Vgl. O. Brunner, Problem einer europäischen Sozialgeschichte, S. 97 ff. Zum Gesamtproblem vgl. H. H. Hofmann (Hrsg.), Die Entstehung des modernen souveränen Staates, Köln u. Berlin 1967.

42 W. Euchner, Eigentum und Herrschaft, S. 263.

43 F. Borkenau, Der Übergang vom feudalen zum bürgerlichen Weltbild, Paris 1934, Nachdruck Darmstadt 1971, S. 100.

# Ausgewählte Literatur

Das Literaturverzeichnis beschränkt sich auf wenige wichtige Veröffentlichungen, die eine erste Orientierung über die Problematik des modernen souveränen Staats, über Frankreich im 16. Jahrhundert, über Leben und Werk Bodins sowie über weiterführende Literatur ermöglichen. Eine Bodin-Bibliographie, die Untersuchungen seit 1800 erfaßt, findet sich in: Bodin-Tagung, S. 501 ff. Vgl. auch G. Roellenbleck, Zum Schrifttum über Jean Bodin seit 1936, in: Der Staat 2 (1963) S. 339 ff. und 3 (1964) S. 227 ff. sowie den Literaturbericht von G. Niedhart, Soziales Gefüge und politisches Denken im Frankreich der zweiten Hälfte des 16. Jahrhunderts, in: Francia. Forschungen zur westeuropäischen Geschichte 3 (1975). Unentbehrlich als bibliographisches Hilfsmittel: Althusius-Bibliographie. Bibliographie zur politischen Ideengeschichte und Staatslehre, zum Staatsrecht und zur Verfassungsgeschichte des 16. bis 18. Jahrhunderts. Hrsg. von H. U. Scupin und U. Scheuner. Bearbeitet von D. Wyduckel, 2 Bde., Berlin 1973.

J. W. Allen, A History of Political Thought in the 16th Century, London 1957.

A. Bourde, Frankreich vom Ende des Hundertjährigen Krieges bis zum Beginn der Selbstherrschaft Ludwigs XIV. (1453–1661), in: Handbuch der europäischen Geschichte, Bd. 3, Stuttgart 1971, S. 714 ff.

J. L. Brown, The Methodus ad facilem historiarum cognitionem of Jean Bodin, Washington 1939.

O. Brunner, Neue Wege der Verfassungs- und Sozialgeschichte, Göttingen ²1968.

R. Chauviré, Jean Bodin, auteur de la »République«, Paris 1914.

W. F. Church, Constitutional Thought in Sixteenth-Century France, Cambridge, Mass., 1941.

J. Dennert, Ursprung und Begriff der Souveränität, Stuttgart 1964.

H. Denzer, Bodin, in: Klassiker des Politischen Denkens. Hrsg. von H. Maier u. a., Bd. 1, München ⁴1972.

H. Denzer (Hrsg.), Jean Bodin. Verhandlungen der internationalen Bodin-Tagung in München, München 1973 (absolut grundlegend, bester und bequemster Zugang zur Bodin-Forschung).

E. Feist, Weltbild und Staatsidee bei Jean Bodin, Halle 1930.

J. H. Franklin, Jean Bodin and the Sixteenth-Century Revolution

in the Methodology of Law and History, New York 1963.
J. H. Franklin, Jean Bodin and the Rise of Absolutist Theory, Cambridge 1973.
M. Göhring, Weg und Sieg der modernen Staatsidee in Frankreich, Tübingen 1946.
E. Hassinger, Das Werden des neuzeitlichen Europa 1300–1600, Braunschweig ²1966.
E. Hinrichs, Fürstenlehre und politisches Handeln im Frankreich Heinrichs IV. Untersuchungen über die politischen Denk- und Handelsformen im Späthumanismus, Göttingen 1969.
O. Hintze, Wesen und Wandlung des modernen Staats, in: O. H., Staat und Verfassung (Gesammelte Abhandlungen, Bd. 1), Göttingen ²1962.
H. H. Hofmann (Hrsg.), Die Entstehung des modernen souveränen Staates, Köln u. Berlin 1967.
M. Imboden, Johannes Bodinus und die Souveränitätslehre, Basel 1963.
M. E. Kamp, Die Staatswirtschaftslehre Jean Bodins, Bonn 1949.
P. King, The Ideology of Order. A Comparative Analysis of Jean Bodin and Thomas Hobbes, London 1974.
H. G. Koenigsberger und G. L. Mosse, Europe in the Sixteenth Century, London 1968.
H. Kurz (Hrsg.), Volkssouveränität und Staatssouveränität, Darmstadt 1970.
U. Lange, Untersuchungen zu Bodins Demonomanie, Frankfurt 1970.
G. Livet, Les guerres de religion, Paris ²1966.
R. Mandrou, Introduction à la France moderne (1500–1640), Paris 1961.
F. Meinecke, Die Idee der Staatsräson in der neueren Geschichte, München ³1963.
P. Mesnard, L'Essor de la philosophie politique au XVIe siècle, Paris ²1952.
G. Oestreich, Geist und Gestalt des frühmodernen Staates, Berlin 1969.
H. Quaritsch, Staat und Souveränität. Bd. 1: Die Grundlagen, Frankfurt 1970.
B. Reynolds, Proponents of Limited Monarchy in Sixteenth-Century France: F. Hotman and J. Bodin, New York 1931.
G. Roellenbleck, Offenbarung, Natur und jüdische Überlieferung bei Jean Bodin. Eine Interpretation des Heptaplomeres, Gütersloh 1964.

J. H. M. Salmon (Hrsg.), The French Wars of Religion, Boston 1967.

R. Schnur, Die französischen Juristen im konfessionellen Bürgerkrieg des 16. Jahrhunderts. Ein Beitrag zur Entstehungsgeschichte des modernen Staates, Berlin 1962.

H.-U. Scupin, Der Begriff der Souveränität bei Johannes Althusius und bei Jean Bodin, in: Der Staat 4 (1965) S. 1 ff.

J. H. Shennan, Government and Society in France 1461–1661, London 1969.

Eine Gesamtübersetzung der *Six livres de la République* ist im Entstehen. Bisher erschienen ist der erste Band mit den Büchern I bis III: Jean Bodin. Sechs Bücher über den Staat. Eingel. und hrsg. von Peter C. Mayer-Tasch. Übers. und Anm. von Bernd Wimmer. München 1981. Dort auch neuere Literatur.

# Inhalt

# Texte zur politischen Theorie

IN RECLAMS UNIVERSAL-BIBLIOTHEK

*Antike und moderne Demokratie.* Ausgewählte Texte. 422 S. UB 18314

Aristoteles, *Der Staat der Athener.* 128 S. UB 3010

Jean Bodin, *Über den Staat.* Auswahl. 151 S. UB 9812

Carl von Clausewitz, *Vom Kriege.* Auswahl. 423 S. UB 9961

Moses J. Finley, *Antike und moderne Demokratie.* 146 S. UB 9966

Friedrich der Große, *Das Politische Testament von 1752.* 195 S. UB 9723

Thomas Hobbes, *Leviathan.* Erster und zweiter Teil. 327 S. UB 8348

Wilhelm von Humboldt, *Ideen zu einem Versuch, die Grenzen der Wirksamkeit des Staats zu bestimmen.* 223 S. UB 1991

John Locke, *Über die Regierung.* 247 S. UB 9691

Niccolo Machiavelli, *Il principe / Der Fürst.* Ital./dt. 225 S. UB 1219

Karl Marx und Friedrich Engels, *Manifest der Kommunistischen Partei. Grundsätze des Kommunismus.* 96 S. UB 8323

Karl Marx, *Philosophische und ökonomische Schriften.* 390 S. UB 18554

*Meister Suns Kriegskanon.* 144 S. UB 18841

John Stuart Mill, *Über die Freiheit.* 189 S. UB 3491 – *On Liberty / Über die Freiheit.* 351 S. UB 18536

Charles de Montesquieu. *Vom Geist der Gesetze.* 442 S. UB 8953

Thomas Morus, *Utopia.* 192 S. UB 513

Jean-Jacques Rousseau, *Vom Gesellschaftsvertrag oder Grundsätze des Staatsrechts.* 239 S. UB 1769 – *Du contrat social / Vom Gesellschaftsvertrag.* 380 S. UB 18682

Thomas von Aquin, *Über die Herrschaft der Fürsten.* 93 S. UB 9326

Alexis de Tocqueville, *Über die Demokratie in Amerika.* 391 S. UB 8077

Philipp Reclam jun. Stuttgart